火の玉ストレート

プロフェッショナルの覚悟

藤川球児

日本実業出版社

2007年8月。この年はシーズン46セーブを記録（セ・リーグ記録）

2006年7月、オールスターゲーム。
カブレラ（当時、西武ライオンズ）に対して直球勝負を挑む

2006年7月、「火の玉ストレート」を一番多く受けた女房役であり
最後の指揮官となった矢野捕手（当時）とがっちり握手

2019年、150ホールド＆150セーブを記録（NPB史上初）

年度別成績表

年度	所属	登板	勝利	敗北	セーブ	ホールド	HP	完投	完封勝	無四球	勝率	対打者	投球回	被安打	被本塁打	与四球	与死球	奪三振	失点	自責点	防御率
2000	阪神	19	0	0	0	-	-	0	0	0	.000	113	22.2	25	1	18	4	25	15	12	4.76
2002	阪神	12	1	5	0	-	-	0	0	0	.167	285	68	56	6	30	2	64	33	28	3.71
2003	阪神	17	1	1	0	-	-	0	0	0	.500	126	29.1	28	4	12	1	19	12	11	3.38
2004	阪神	26	2	0	0	-	-	0	0	0	1.000	129	31	26	3	11	2	35	10	9	2.61
2005	阪神	80	7	1	1	46	53	0	0	0	.875	349	92.1	57	5	20	1	139	20	14	1.36
2006	阪神	63	5	0	17	30	35	0	0	0	1.000	306	79.1	46	3	22	0	122	6	6	0.68
2007	阪神	71	5	5	46	6	11	0	0	0	.500	313	83	50	2	18	1	115	15	15	1.63
2008	阪神	63	8	1	38	5	13	0	0	0	.889	249	67.2	34	2	13	3	90	6	5	0.67
2009	阪神	49	5	3	25	3	8	0	0	0	.625	217	57.2	32	4	15	1	86	9	8	1.25
2010	阪神	58	3	4	28	5	8	0	0	0	.429	257	62.2	47	7	20	5	81	14	14	2.01
2011	阪神	56	3	3	41	5	8	0	0	0	.500	193	51	25	2	13	1	80	9	7	1.24
2012	阪神	48	2	2	24	2	4	0	0	0	.500	189	47.2	34	1	15	1	58	7	7	1.32
2013	CHC	12	1	1	2	1	-	0	0	0	.500	50	12	11	1	2	2	14	7	7	5.25
2014	CHC	15	0	0	0	0	-	0	0	0	-	64	13	18	2	6	2	17	8	7	4.85
2015	TEX	2	0	0	0	0	-	0	0	0	-	8	1.2	2	1	0	1	1	3	3	16.20
2015	高知	6	2	1	0	-	-	2	-	-	.667	124	33	21	1	3	3	47	5	3	0.82
2016	阪神	43	5	6	3	10	14	0	0	0	.455	275	62.2	58	7	30	3	70	34	32	4.60
2017	阪神	52	3	0	0	6	9	0	0	0	1.000	232	56.2	41	3	24	5	71	15	14	2.22
2018	阪神	53	5	3	2	21	26	0	0	0	.625	229	54.1	29	3	37	1	67	20	14	2.32
2019	阪神	56	4	1	16	23	27	0	0	0	.800	226	56	29	3	32	0	83	11	11	1.77
2020	阪神	16	1	3	2	1	2	0	0	0	.250	65	13.1	16	3	9	1	15	11	9	6.08

※阪神タイガース公式サイトより

プロローグ

これまで、何球くらい受けてもらっただろうか――。

マウンドに立ってキャッチャーの矢野耀大《あきひろ》さんに向き合ったとき、ふとそんなことを思った。22年間の現役生活で、最も多くのボールを受けてくれたのが矢野さんだったことは、間違いなかった。

2020年11月10日、甲子園。巨人との試合のあと、僕の引退セレモニーが行なわれた。矢野さんとのバッテリーが再現され、僕は現役最後の1球を矢野さんが構えるミットをめがけて投げようとしていた。

矢野さんの生《き》まじめな構えは、現役のころとあまり変わらなかった。

僕のストレートは、打者の手元で浮き上がるといわれた。

「火の玉や」

あのとき、清原和博さんが三振に倒れたあと、僕のボールをそう表現してくれた。以来、僕のストレートは「火の玉ストレート」と呼ばれるようになった。

キャッチャーとして僕のボールを受け続けてくれた矢野さんは、ややおおげさな表現と断ったうえで、「魔球」と評してくれた。

いずれにせよ、僕のストレートを受けることができるのは矢野さんしかいない。うぬぼれを込めて、そう考えたこともある。実際、矢野さんは僕のストレートを後逸しなかった。

当初、現役の監督である矢野さんから花束をいただくだけだった引退セレモニーの変更をお願いしたのは、僕である。

無理を承知で、花束をいただく前に、僕のラストピッチングを設定してもらった。現役最後のボールは矢野さんに捕ってもらおうと決めていたのである。

そうしなければ、僕は死ぬまで後悔し続けるかもしれない。そう思うだけの理由があった。

ちょうど10年前の9月30日、甲子園。本拠地での最終戦の相手は横浜だった。試合後には、矢野さんの引退セレモニーが予定されていた。

そのシーズンの阪神は投打ともに好調で、最終盤まで巨人、中日と優勝を争っていた。数日前には、9試合を残していた2位の阪神に優勝マジック8が点灯するという混戦だった。

その日、3回裏に1点を先取した阪神は、4回表に追いつかれたものの、4回裏と5回裏に1点ずつ追加して、横浜を引き離した。

2点リードのまま迎えた9回表、僕はマウンドに向かった。登場曲はいつものLINDBERGではなく、FUNKY MONKEY BABYSの曲だった。そのシーズンの矢野さんが打席に向かう際のテーマ曲だった。

引退セレモニーを試合後に控えていた矢野さんは、もはや満身創痍《まんしんそうい》といった状態だった。このシーズンも故障が長引き、結局、数試合に出場しただけだった。だが、甲子園のファンのみなさんに、矢野さんに現役最後の姿を見届けてもらわなければならない。9回表に登板した僕が2つアウトを取ったら、城島健司さんに代わって矢野さんがマスクをかぶる予定になっていた。

それまで修羅場は何度もくぐってきたはずなのに、その日、僕のボールは荒れていた。先頭打者を四球で歩かせ、ふたり目の打者にも四球を与えて、ノーアウト一、二塁になった。そして、4番の村田修一さんが打席に立ち、僕が投げた高めのストレートはスタンドに運ばれた。

その瞬間、矢野さんの出場機会は失われた。そして、9回裏の攻撃は無得点に終わり、逆転負けを喫した阪神の自力優勝も消えた。

「球児が打たれたのなら、しかたない」

引退セレモニーの際、出場機会を失わせてしまったことを謝ると、矢野さんはそう言って僕をなぐさめてくれた。だが、それ以来、僕がこの日の出来事を忘れることはなかった。

僕の引退セレモニーでのラストピッチングは、絶対に矢野さんがキャッチャーでなければならなかった。それは、僕のわがままである。

だが、球団も、矢野さんも、僕の最後のわがままを快く受け入れてくれた。おかげで、僕は何も思い残すことなくユニフォームを脱ぐことができた。

僕の現役最後の1球は高く浮いて、矢野さんは立ち上がって受けた。その日のために用意されていたのは、矢野さんが現役最後に使っていたミットだった。

火の玉ストレート　目次

I 努力は人生を裏切らない

野球人である前に人間であれ

1999〜2001年 野村監督時代

チームの歓喜の裏で味わった苦い経験

2002〜03年　星野監督時代

Ⅱ 「火の玉ストレート」の誕生

「火の玉ストレート」誕生の本当の理由

2004〜08年　岡田監督時代

リリーバーとしての矜持

結果を出すためにやってきたこと

III 憧れの地での苦闘

日増しに募った世界への憧れ

2012年オフ　メジャーリーグ挑戦

異国の地で経験したプレー以外の大きな壁

2013〜15年　メジャーリーグ時代

Ⅳ 何度でも立ち上がる

「反骨精神」が再び僕を戦場に駆り立てた

2015年 四国アイランドリーグに参加

みんなが野球を続けさせてくれた

何度逃げても追いかけてくる「野球」という存在

運命の糸に導かれるように

2016年　阪神タイガース再入団

Ⅴ 最後のストレート

自分の限界に挑んで、全力を出し切る

２０１６～１８年　金本監督時代

最後に最高の1球を

2019〜20年 矢野監督時代、「引退」の決断

協力　株式会社Athlete Solution
企画編集　髙木真明
構成　榎本充伯
校正　鈴木健一郎
カバーデザイン　トサカデザイン（戸倉 巌、小酒保子）
本文デザイン　浅井寛子

I
努力は人生を裏切らない

野球人である前に人間であれ

1999～2001年
野村監督時代

ストレートで運を切り拓く

ユニフォームを脱いだ今、あらためてこれまでの歩みを振り返ってみると、われながら不思議なプロ野球人生だったと思う。ある時期から、まるで魔法がかけられたようにストレートが走り出して、運が開けた。

ドラフト1位で阪神に入団したとき、僕はストレートで勝負するタイプではなかった。その後も、僕は技巧派に分類される選手で、テクニックには自信があった。

ボール1個分どころか0・5個分単位でコントロールできたし、投球フォームのバリエーションが豊富だったから、微妙な緩急を使い分けることができた。

１００パーセントの力で投げるフォームから75パーセントのボールを投げたり、同じフォームから80パーセントと90パーセントのボールを投げ分けたりして、打者のタイミングをはずすのだ。

だが、それでも芽が出ないのが、過酷なプロの世界である。

僕がプロ野球選手としてはじめて迎えたシーズンは2軍で3試合に投げただけで終わり、2年目は1軍に上がったものの、19試合に登板して勝敗はつかなかった。

その後も1軍と2軍を行ったり来たりするような状態で、ようやく1軍に定着したのは、プロ入り6年目となる２００４年のシーズン後半だった。

のちに「火の玉」と評されるストレートを手に入れたからである。ストレートの質が変わった、と表現してもいい。

もちろん、それは偶然の産物ではない。当然、僕自身は魔法のタネのいくつかはわかっているのだが、それは単純な因果関係で説明できるようなものではなかった。

メンタル面も含めて、さまざまな要因が影響している。条件が少しずつ整って、やがて不思議な化学変化が起こった。

そう考えると、結果を残せず必死にあがいた年月も、僕には不可欠な準備期間といえた。

成長とは、そういうことだろう。

耳が痛かった野村克也監督の「お説教」

１９９９年、僕が阪神に入団したときの監督は野村克也さんだった。野村監督も就任１年目で、低迷していたチームの再建を託されていた。新監督に対する当時の期待の大きさを覚えている方も、少なくないと思う。

高卒ルーキーだった僕にとって、そのシーズンは下積み時代といっていい。

長期的な視野で育成するという方針のもと、僕は１軍に上げられることもなく、ひたすら練習に明け暮れた。

野村監督は遠い存在だったのだが、どういうわけか目をかけてくださったようで、僕はよく叱られた。おそらく、阪神で最初に叱られたのは僕だったと思う。生意気だ、と叱られた。

今にして思うと、野村監督の気持ちもわかるような気がする。

高知から出てきたばかりの田舎者で、社会の経験もないくせに、恥ずかしながら、僕は一人前のプロ野球選手を気取っていた。

実力主義の世界なのだから、何をするのも勝手だろう。そんな意識でいた。

世間知らずな小僧にも、野村監督は容赦がなかった。プロ野球選手らしくない、と髪型を叱られたこともある。食事の量が少ない、と指導されたこともあった。まるで高校生扱いだと、僕はおおいに不満だった。

限界を超える練習の日々

精神的には未熟だったが、練習だけは人一倍励んだ。

プロ入りから5年くらいの間、僕の日常は練習一色だったといっていい。

自分でもあきれるくらいに毎日走り込んだし、暇さえあればウエートトレーニングに汗を流した。

もちろん、かなりの数の投げ込みも行なっていて、とくにキャンプでは連日のように200球くらいは投げていた。

そのころの僕ほど熱心に練習を重ねた選手は少ないのではないかと、今でもひそかに思う。

おかげで、そこで僕の基礎ができた。

このころの猛練習によって、僕はプロの世界でやっていけるだけの体力を手に入れた。のちに呼ばれることになる「火の玉ストレート」は、こうした基礎の上に成立している。

さらにいえば、効果的な練習方法やコンディションの整え方がわかったのも、大きな収穫だった。ほとんど限界かと思えるほどハードな練習を経験することで、自分に最もふさわしい練習の質と量が把握できたのだ。

自分にとってあまり効果が感じられない練習を削って、より効果的な練習を増やすこともできるし、練習を別の行動で代替させるような工夫も考えられた。

故障は勲章

一方、その代償も大きかった。猛練習に耐え切れず、体のいたるところが悲鳴を上げたのである。

まず、ぐっと食いしばる圧力で歯がやられた。

いわゆる脱腸になったこともある。踏んばる瞬間、大きな腹圧がかかるのだ。

当然、肩も肘《ひじ》も酷使したから、よく故障した。

故障するほど練習する必要はないと思われるかもしれないが、僕の限界は誰にもわからない以上、手探りで負荷をかけるしかない。

故障しない程度の練習など、現実のプロの世界には存在しないと思う。そうした代償は、アスリートにとっての勲章と考えていい。


40歳までの22年間、ほとんどのシーズンをリリーバー（救援投手）として過ごした僕の体は、長年、酷使したために肩も肘も、膝《ひざ》も腰も、全身が傷《いた》んでしまった。

だが、傷の一つひとつは努力の痕跡である。うまくなりたいと思って練習したり、チームの勝利に貢献したいと必死に戦った記録である。

僕は、努力が必ず報われるとは思わない。

とくにプロ野球という特殊な世界では、むしろ努力とは裏切るものだと考えておいたほうがいい。

だが、視点を変えて長い人生を眺めたとき、やはり努力は裏切らないと思う。

努力が無駄だったと感じる瞬間があったとしても、のちに振り返ってみると、きっと努力なしには得られなかった何かを手にしているのではないか。少なくとも、僕はそう信じたい。

練習の成果があらわれはじめたのか、僕はプロ2年目にはじめて1軍のマウンドに上がった。

初登板は、2000年3月31日に行なわれた対横浜戦である。開幕戦という大舞台だったが、中継ぎで登板し、2イニングを無失点に抑えた。

だが、その後は思うような結果が残せなかった。そのようななか、自分がまだ成長過程にあることは自覚していたものの、プロのレベルの高さを実感させられて、ようやくプロ野球選手として生きていくということがどういうことなのか、真剣に考えるようになった。

自分の認識のなかで、野球が仕事に変わったのである。そしてこの年、結婚したこともあって、妻ややがて生まれる子どもたちとの将来に目を向けはじめた。

細く、長くやれ――。

そういえば、高校の先生がそんなことを言っていたなと、僕はぼんやりと思い出していた。

はじめて感じた社会の不条理

プロ2年目のシーズンが終わって秋季キャンプに入ったころ、僕は小さなトラブルを起こした。

投手コーチと衝突してしまったのである。きっかけは、ささいなことだった。

ある日の午後、トレーニングコーチの指導のもと、僕はチームメイトたちと10人くらいで腕立て伏せをしていた。

その部屋に、ランチを終えたばかりのコーチたちが何人か入ってきた。しばらくすると、その投手コーチが「おい」と僕に声をかけた。

「なんだ、そのやり方は。膝なんかつくな」

投手コーチは、僕が手を抜いていると思ったようだった。

たしかに、僕は床に膝をつけた状態で腕立て伏せをしていた。しかし、それは僕が手を抜いていたからではなかった。

床に膝をつけずにやると、肘に大きな負担がかかる。右肘の状態が思わしくなかった僕は、トレーニングコーチの了解を得て、膝をついていた。

僕は、投手コーチにそう事情を話したのだが、

「うるせえ。おれがやれって言ったらやれ」

と、投手コーチは高圧的にはねつけた。その言葉に、僕は反応してしまった。

「あんたのためにやってるんじゃない」

冷静さを失った僕は、思わずそう怒鳴ってしまったのだ。

そもそも、投手コーチが僕にだけ目をつけたことが、どうにも納得できなかった。僕を含めて2、3人が、そのとき膝をついていたのである。

しかも、僕には投手コーチの態度も許せなかった。高圧的な命令口調もさることながら、つまようじをくわえながらだったからだ。その不まじめな姿に、僕はついカッとなってしまった。

結局、僕の反抗的な態度を腹にすえかねた投手コーチと「練習なんかやめて帰れ」「いや、帰りません」とやり合って、しばらくすると投手コーチはその部屋を出て行った。

僕は、自分が間違っているとは思わなかった。だが、年長者に対して適切な態度ではなかったとも感じて、後味が悪かった。

親父に相談してみよう、と思った。1軍の秋季キャンプは例年、僕の地元が近い安芸《あき》（高知県）で行なわれている。親父を思い出したのは、そのせいかもしれなかった。

その晩、親父に電話をかけた僕は、投手コーチとの一件を話した。

「やっぱり謝ったほうがいいかな」

そう尋ねると、親父も「そのほうがいい」と同意した。

「筋はおまえが通っていても、みんなが見ているところでそんなことがあったら、目上の人としては立つ瀬がないわな。今から謝っておいで」

親父の言うことも、もっともだと思った。僕は投手コーチの部屋を訪れ、その日の非礼を詫びた。

「おう、わかった、わかった」

鷹揚《おうよう》にうなずいて、投手コーチは年長者の貫禄を見せてくれた。

だが、長幼の序こそ最高規範とされた世界で長年めしを食ってきた人物が、若造の反抗を許すことはなかった。翌2001年のシーズン中、僕が1軍に呼ばれることはなかった。

僕がプロ3年目のシーズンを2軍にとどめ置かれたまま終えたことに、関係者はそろって首を傾《かし》げていたらしい。

「おまえ、なんでか知ってるか」

2軍監督だった岡田彰布《あきのぶ》さんが僕にそう尋ねたのは、2001年のシーズンも終わろうとしていた9月のことだった。

「1軍におまえの名前をずっと挙げ続けてきたけど、そのたびに投手コーチがはねつけるんや。何かあったんか」

そのとき、僕は例の一件が2軍の首脳陣の耳に入っていなかったことを知った。

例年、2軍は鳴尾浜《なるおはま》（兵庫県）で秋季キャンプに入る。他球団で監督経験もある投手コーチをはばかったのか、安芸で起こった小さな事件は鳴尾浜には報告されていなかったらしい。

記憶をたどりながら僕が経緯を話すと、おおよそ予想がついていたと見えて、岡田2軍監督は「そうか」と短く言っただけだった。

それから間もなく、2001年のシーズンが終わると野村監督が退任し、その投手コーチもチームを去った。

復帰後も含めると、僕は阪神に19年間、在籍したが、1軍でのキャリアがなかったのは、入団1年目と、3年目のこの年だけだった。

すべての土台となった「ノムラの教え」

不運なめぐり合わせに悩みもしたが、プロ野球選手としての人生が野村監督のもとではじまったのは、間違いなく僕の財産である。

もっとも、当時の僕はそのありがたさに気づくことができなかった。

率直にいって、プロ野球選手に対して生活態度を指導するのは越権行為ではないかと感じていたし、個々の選手を部品のように扱うのは間違っているとも思った。

しかし、プロ野球の世界で5年、10年と経験を重ねるに従って、野村監督の言葉が僕の心のなかで響きを増してきた。

「野球人である前に社会人であれ」とは、なんとまっとうな言葉かと今では思える。ひとりでは何もできないのだから、プロ野球選手もチームにとっては部品であり、コマなのだ。

当時、野村監督の言葉を理解できなかった自分がもどかしいが、それでも後年、身になったことを思えば、指導者に恵まれた幸運を感じる。


野村監督は、選手としても監督としても輝かしい実績を残しながら、得意気に選手を見下すことはなかった。年長者の立場を強調して、否応なく選手を従わせようとすることもなかった。

「おれのときは全然、活躍せんかったたな」

いつだったか、そう嫌味を言われた。

そのときの野村監督の顔つきを思い出すと、今でも僕は苦笑してしまう。

努力は実戦では裏切るかもしれないが、人生では裏切らない

チームの歓喜の裏で味わった苦い経験

2002～03年
星野監督時代

「対応力」が自分の持ち味

ホールドやセーブといった記録が注目されたこともあって、僕にはクローザーとしての印象が強いと思う。

だが、仮に僕がプロ入り以来、ほとんど先発マウンドを経験しなかったらどんな投手だったろうと想像すると、ここまで結果を出すことができたかどうか、あまり自信がない。

僕がリリーバーとして実績を残すことができたのは、先発、中継ぎ、抑えと、プロの世界で投手の役割をひととおり経験したからだ。とくに、先発の経験は僕の大きな糧《かて》になった。

中継ぎや抑えの難しさは「対応力」にあると、僕は思う。先発マウンドと違って、リリーバーが登板する時点の状況は、毎回、異なるからだ。

切迫した局面という共通点はあるものの、それまでのゲーム展開や点差、相手の打順、アウトカウント、走者の有無など、同一局面が再現されることはない。

状況に応じた投球とフィールディングが高いレベルで求められるのだが、僕の場合、そうした要求に応えるだけの柔軟さが身についていた。その点は、プロ野球選手として、僕が最も自負していた能力かもしれない。

僕は、そうした「対応力」が先発の経験によってさらに磨かれたと思っている。長いイニングを任されるなかで、さまざまな局面に対応したことが役に立ったのだ。

そうした意味で、シーズンを通じて先発のマウンドに立った僕のプロ4年目は、貴重な1年だった。僕を先発に起用してくれたのは、野村監督の後任の星野仙一監督である。

どんな状況でも見てくれている人はいる

2軍の岡田監督が再三、推薦してくれたにもかかわらず、一度も1軍に登録されなかった2001年のシーズンが終わって、僕は故障していたこともあり、翌2002年の春季キャンプを2軍で迎えた。

たしか、第1クールの最終日だったと思う。その日、星野監督以下の1軍首脳と岡田監督をはじめとする2軍の首脳が参加する合同食事会が開かれた。

食事会が終わって2軍の首脳陣が安芸から室戸《むろと》（高知県）に戻ってくると、食事会に参加していたスタッフのひとりが「球児！」と僕を呼んだ。

「監督が、おまえの調子を聞いてたで。藤川はどうなってるんやって。おまえに期待してるらしいわ」

「監督」とは、もちろん星野さんである。

星野さんは前年まで6年間、中日の監督を務めていた。他球団の2軍の選手まで調べ上げているとはとうてい思えなかったから、なぜ僕に注目してくれたのか、そのときはわからなかった。

だが、のちに謎が解けた。その前年、星野監督が2軍の試合を観戦した際の対戦相手が、たまたま阪神だったらしい。そのとき、マウンドに立っていたのが僕だった。

「その試合を見たときから、こいつはいいピッチャーだと思ってたんや」

そう僕に経緯を打ち明けてくれたとき、星野監督は僕を奮い立たせようとしている気がした。

どんな状況にあっても、見ている人は見ているものだと、僕は心強く感じた。星野監督は、そうしてさらりと選手の気持ちをつかんでしまう方だった。

その年、シーズンの前半を2軍で過ごした僕は、故障から回復すると1軍に昇格し、7月半ばの対横浜戦ではじめて先発マウンドを任された。

毎回の5奪三振で被安打3と、まずまずの内容だったが、2点を失い、4回で降板した。その日は、僕の22回目の誕生日だった。

それ以降、僕はローテーションのひとりとして先発のマウンドに起用されたが、6回くらいで降板する試合が続いた。

星野監督は「7回以降もおまえが投げるんや。自分で勝ち取れ」と、僕をマウンドに送り出してくれたが、なかなかその期待に応えることはできなかった。

僕がようやく初勝利を手にしたのは、それから2か月近くが経った9月のことである。神宮球場だった。

真中満《まなかみつる》さんに先頭打者ホームランを浴びたものの、その後はノーヒットに抑えて8回で降板し、最終回のマウンドにはマーク・バルデスが立った。9試合目の先発で得た初勝利に、僕はこみ上げる感情を抑えることができなかった。

生涯忘れることができない被弾

星野監督が就任2年目を迎えた2003年、阪神は1軍も2軍もそろってセ・リーグ（セントラル・リーグ）のリーグ優勝をはたした。

1軍の優勝は、掛布雅之さん、岡田さん、そしてランディ・バースを主軸とした1985年以来である。

その間、長く低迷していただけに、当時のファンのみなさんの期待と喜びはすさまじかった。一方、2軍は前年に続く連続優勝である。僕が立ち会ったのは、2軍のほうだった。

とはいえ、その年の開幕を僕は1軍で迎えている。前年のシーズン後半、僕は先発投手として12試合に登板したが、新たなシーズンではクローザーとしての役割を与えられていた。

開幕3連戦が終わったあたりで「これも経験や」と、星野監督から起用を告げられた。それから間もなく、僕は苦い経験を味わった。

それは、東京ドームで行なわれた対巨人第1戦だった。9回表の終了時点で阪神は6点リードしていたのだが、反撃を受けて4点差まで追い上げられた。

僕がマウンドを任されたのは、2死一、二塁という場面である。しかも、マウンドの吉野誠さんが仁志敏久《にしとしひさ》さんをツーナッシングと追い込んだところで、急きょ、交代した。まさに、あと1球というシーンだった。

だが、仁志さんにヒットを打たれて、まず1点を返された。そして、代打で登場した後藤孝志《こうじ》さんをツーナッシングに追い込みながら、同点3ランをくらった。

延長12回までもつれ込んで、その試合は引き分けに終わった。

試合後、星野監督が選手たちを集めて采配ミスを謝ったことから、この試合はその年の優勝へ向かう出発点として語られることが少なくない。

僕にとっても、たった1球で試合をぶち壊してしまったという後悔が強く、忘れられない試合となった。

それからほどなく、僕は再び先発要員に戻された。

しかし、先発のマウンドを託されたのはわずかに2試合で、5月から9月まで、シーズンのほとんどを2軍で暮らした。1軍ではほとんど登板機会のないまま、シーズンが終わった。

次に優勝するときは、自分も貢献できたと心から喜べるシーズンにしたい。そう思いながら、僕はその年かぎりで勇退することになった星野監督を見送った。

だが、そのとき、僕は再び阪神で優勝を経験できるかどうかの瀬戸際に立っていた。シーズン終了後、戦力外となる選手の候補にあげられていたからである。

どんな状況にあっても、
見てくれている人はいる

II 「火の玉ストレート」の誕生

「火の玉ストレート」誕生の本当の理由

2004〜08年
岡田監督時代

プロフェッショナルの覚悟

マスコミの取材などを通じて、これまで僕自身も「若いころ、阪神をクビになりかけた」と話してきたから、そのことをご存じの方は少なくないかもしれない。

だが、正確にいえば、僕はそのとき有力なトレード要員のひとりだった。仮に阪神から放り出されたとしても、その時点でユニフォームを脱いでいた可能性は低く、おそらく他球団に移籍していたと思う。

いずれにせよ、2003年のシーズンが終わった段階で、僕が翌年以降のチームの構想からはずされそうになったのは事実である。

そのとき、戦力外候補者のリストから僕の名前を消してくれたのは、その年から1軍の監督に就任した岡田さんだった。

当時の僕は、そうした事情をまったく知らなかった。知ったのは、その4年後の春季キャンプ中、岡田監督から聞かされたときである。

すでに過去の話だったとはいえ、自分がかつて有力なトレード要員だったという事実には、やはり深刻な響きがあった。

自分が所属している組織から不要な人材と判断されかけたのだから、それも当然だろう。それを笑って聞き流せるほどの心の広さは僕にはなかったし、そこに悲しみを覚えるだけの阪神に対する忠誠心が僕にはあった。

以来、僕はあらためてプロ野球選手としてどう生きるべきなのか、突き詰めて考えるようになった。

そして、僕の阪神に対する個人的な愛着は失われなかった。

正直なところ、岡田監督から真相を聞かされたときは複雑な気分だった。

ドラフト1位で入団したというプライドもあって、阪神は僕に期待を寄せ続けてくれていると信じていたし、思うような結果を残せずにいる自分を不甲斐なく感じていた。それは僕の片想いだったのかと、自分が滑稽《こっけい》に思えた。

しかし、よく考えるうち、そうした情緒的な関係を期待していた自分の甘さに気づいた。僕はプロ野球選手なのであって、阪神の職員ではないのだ。終身雇用も年功序列もない。不要な選手を放出して、必要な選手を獲得する。それがプロ球団の原理なのだという事実に、あらためて思いいたった。

「右腕一本で生きている」という感覚

僕にとって、その後も阪神は特別な存在であり続けた。だが、阪神一筋に生きるべきだとは思わなかった。不要になれば、遠慮なくクビにしてくれればいい。そのとき、僕はこの右腕一本で生きていく。

逆に、僕が別の世界へ飛び出したくなったら、「阪神の名を上げてこい」と送り出してほしい。

プロ野球の世界とは、そういうものではないかと思った。

そういう機会を与えてもらったという意味で、知られざる真相を打ち明けてくれた岡田監督には感謝している。

岡田監督が話してくれたのは、僕の成長を認めてくれたからだと思う。そうした経緯を糧にできる選手ではないと考えていたら、あえて本人には明かさないだろう。

そのころの僕は、2005年、2006年と2年連続で最優秀中継ぎ投手のタイトルを獲得していた。これは、先発を経験してから中継ぎになったことで、試合全体を見渡せるコツのような感覚を身につけたことが大きい。

また、1年を通して中継ぎとして結果を出してきたことでの自信、いつ自分の出番が来るのかわからない登板に向けての試合への入り方もつかんでいた。

やがて、僕がはっきりとしたかたちで認識するようになったのは、自分がこの右腕一本で生きている、という事実であった。

藤川球児というプロ野球選手に存在価値があるとすれば、それはこの右腕でしかない。僕が投げる1球1球が、すなわち藤川球児なのだ。

僕の仕事とは、ただただ価値のあるボールを投げることに尽きると思った。

どんなユニフォームを着ようが、どの球場のマウンドに立とうが、それらはあまり大きな問題ではない。大切なのは、ファンのみなさんが僕のボールに満足してくれるかどうかだ。

だから、僕はいつつぶれてもいいという気持ちで、全力で投げた。

投げられなくなれば、潔《いさぎよ》くユニフォームを脱ぐ。僕がいつでも引退する覚悟でプレーするようになったのは、ちょうどこのあたりの時期からである。

「火の玉ストレート」の裏にあった秘密

まさか自分が戦力外候補者にあげられているとは思わなかったが、岡田新監督のもとではじまる2004年のシーズンが正念場となることは、僕も自覚していた。

それまでの5シーズンの通算成績は、48試合に登板して、2勝6敗だった。夏には24歳を迎える。もはや、育成中の選手とはいえなかった。

だが、春先から僕はつまずいてしまった。春季キャンプ中、またも肩を故障したのである。プロ入り以来、ほぼ毎年、僕は体のどこかを故障していた。

われながら、これほど故障が多い選手は使いづらいだろうなと思った。課題であったスタミナ作りも重要だが、いかに故障を防ぐかということも、そのころの僕にとっては優先課題のひとつといえた。

面白いもので、そうした意識でいたことが、「火の玉ストレート」の誕生につながった。つまり、故障を防ぐための工夫が、結果として、僕のストレートの質を大きく変えたのである。

僕のストレートが、まるで突然変異を起こしたように目に見えて変わったのは、このころだった。

直接的な要因は、2つある。

ひとつは、投球フォームの修正である。

投球フォームの修正が成功したのは、2軍の投手コーチだった山口高志《たかし》さんのおかげだ。山口投手コーチは、僕の投球フォームに故障の原因がひそんでいると見ていた。「フォームの修正によって、肩や肘への負担を減らすことができる。やってみないか」。そう提案してくれた。2004年5月ごろのことである。

それ以来、山口投手コーチの意見を聞きながら、僕は慎重に投球フォームの修正に取り組んだ。

1か月ほど経って修正されたフォームが体になじんでくると、以前より力むことなく投球できることがわかった。

肩や肘への負担が減り、体力の消耗も抑えられていることが実感できた。そして、ボールにきれいなタテ回転がかかって、ストレートが異様に走り出したことにも気づいた。この回転が、打者の手元でホップするといわれた「火の玉ストレート」の特徴である。

「歯」の矯正が剛球を生み出した

もうひとつは、意外に思われるかもしれないが、「咬合《こうごう》の矯正」だった。歯科治療によって、噛み合わせを改善したのだ。

投球フォームの修正と並行して取り組んでいたこの咬合の矯正の効果も、僕は見逃すことができない。それらの相乗効果によって、「火の玉ストレート」が生まれた。

近年、スポーツ医学の進歩が選手寿命や成績に好影響を与えていることは、よく知られている。プロ野球の世界でも、科学的な知見が積極的に取り入れられるようになって、選手の意識も変わってきた。

今や、たいていの選手にかかりつけの歯科医院があると思う。歯の健康状態が選手としてのパフォーマンスを左右することが、科学的に明らかになってきたのである。僕も、自宅から徒歩数分の距離にある歯科医院に定期的に通っていた。

この時期、咬合の矯正に取り組んでいたのは、故障しにくい体作りを決意した僕のプロ意識のあらわれである――。そう言えると格好がいいのだが、真相はじつに身も蓋《ふた》もない。要は、僕の年俸が上がったからだった。

プロ入り以降、とくに激しくなったトレーニングなどによって、僕の歯は大きなダメージを受けていた。

歯科医院を受診するたび治療をすすめられていたのだが、ご承知のとおり、歯の矯正には保険が適用されない。経済的な余裕がなかったため、治療できずにいた。

ところが、その前年あたりに年俸が上がった。おかげで、ようやく治療ができたのである。治療費は、数百万円という高額だった。

治療の効果は、その年の初夏あたりから実感できるようになった。食事や睡眠にも好影響があって、生活の質が向上し、明らかにコンディションがよくなった。

以降、試合中にスタミナ切れを感じる場面はほぼなくなったし、故障もほとんどしなくなった。

投球フォームの修正というテクニカルな改善効果はもちろんだが、こうした体質改善の効果も決して軽視できないと思う。

はじめて伝えたい感謝の気持ち

投球フォームの修正が成功したことについて、現役時代、僕は山口さんに対する感謝の気持ちを公言することはなかった。

恩知らずと思われるかもしれないが、僕なりの理由があった。

僕は、「精神の柔軟性」こそ成長に不可欠な要素だと思っている。固定観念にとらわれると、視野が狭くなり、考え方も硬直して、融通がきかなくなる。そんな人間に成長はあまり期待できない。

役立つと思えばなんでも取り入れようとする柔軟さが大切で、これまで僕もそう心がけてきた。

同時に、結果に対しては全面的に自分が責任を負うべきことも、僕は強く言い聞かせてきた。当然ながら、もし他者のアドバイスを受け入れて失敗したら、それも自分の責任なのだ。

アマチュアはもちろん、プロ野球の世界にも監督やコーチにフォームをいじられて大成しなかった選手はたくさんいるが、僕は本人の責任だと思っている。

どういう事情があったにせよ、アドバイスを取り入れたのは自分自身の判断なのだ。自分で決めた以上、結果も自分が引き受けるべきだろう。

アメリカから帰国して、2016年に阪神に復帰すると、僕は後輩たちからアドバイスを求められる機会が増えた。

幸か不幸か、僕は挫折もたくさん味わった。そういう経験も含めて後輩たちの役に立つならと、僕は惜しまずなんでも伝授してきたつもりだ。その際、必ず約束してもらったのは、僕に教わったと公言しないことだった。

たとえば、僕が教えたことが役に立って、後輩がプロ初勝利をあげたとする。試合後、成長の要因を聞かれたときに「球児さんのアドバイスのおかげです」といえばわかりやすいし、話題にもなる。だが、アドバイスを求め、それを生かしたのは本人なのだ。僕への感謝は、筋が違う。

また、そのときは役立ったように見えても、長い目で見た場合、アドバイスが本人のためにならなかったと考えられる場合もあるだろう。そのとき、僕は非難されるべきなのだろうか。

結果に対してすべての責任を負うべき現役時代は、他者からの指導や影響を軽々しく口にすべきではない、と僕は考えていた。

ただ、感謝の気持ちを忘れていいはずがない。時期が来るまで、それは心の奥深くに沈めておけばいい。

やがて、選手生活の幕を閉じるときが来たら、「じつはあなたのおかげでした」と打ち明けて感謝しても、遅くはないはずだ。

ようやく今、その機会が訪れた。

山口さん、投球フォームの修正によって「火の玉ストレート」という武器を手にできたこと、あらためて感謝しています。

ステージを上げてくれた清原和博さんとの真っ向勝負

２００４年のシーズン、僕は7月に1軍に上がった。

正念場を迎えた僕の真価が問われることになったのは、その月の末ごろ、甲子園で行なわれた対中日戦である。

延長11回表、ノーアウト満塁のピンチでマウンドを任された。

このとき、僕のストレートは前年までと比べて明らかに変わっていた。もともと、故障さえなければ140キロ台後半も出ていたが、150キロ台がスムーズに出るようになっていた。しかも、肩や肘への負担はほとんど感じられなかった。

僕はストレート主体で勝負を挑んで、三者連続三振に抑えた。

三振でアウトが取れるかどうかは、リリーバーとしての適性を判断するうえで最も大事な条件といえる。

三振を奪うことで、攻撃の流れを断ち切ることができる。イニングが進んで相手チームの攻撃の機会が少なくなるほど、三振の意味も大きくなる。

僕のストレートは、いわば軸になり得るボールだった。ストレートが軸になると、変化球も生きる。ストレートの印象が強ければ強いほど、対戦相手はストレートに惑わされやすくなってしまうからだ。

その年、リリーバーに起用された僕は26試合に登板して、2勝をあげた。

「来年はセットアッパーやからな」

岡田監督からそう告げられたのは、そのシーズンが終わったころである。修正したフォームがすっかり身についたことをたしかめながら、僕はこれまで経験したことのない手応えを感じていた。

翌2005年のシーズンは、僕にとって飛躍の1年になった。

いわゆる「JFK」（リリーバーのジェフ・ウィリアムス、藤川球児、久保田智之のアルファベットの頭文字を取った通称）という継投パターンが確立されたのは、この年からである。

そして、開幕からまだ間もないころ、印象深い試合があった。4月21日、東京ドームで行なわれた巨人との第6戦である。

9点リードで迎えた7回裏、先発の井川慶《いがわけい》さんが2死満塁のピンチに陥り、僕がマウンドに向かった。相手は清原和博さんだった。

フルカウントの場面で、僕はフォークを投げた。ストレートを待っていた清原さんの空振りで、勝負は終わった。

だが、因縁がついた。フォークを投げた僕が真っ向勝負を回避したとして、試合後、僕を非難した清原さんの発言がマスコミに騒がれたのである。

僕自身、勝負を回避したつもりは毛頭なかった。

もし、フルカウントの場面でフォークを投げることが卑怯《ひきょう》なのだとしたら、そもそも変化球は存在自体が非難されてしかるべきだろう。2死とはいえ、満塁の場面でフォークを投げるリスクを考えても、僕に対する非難は的はずれだった。

後日、清原さんから謝罪の言葉があったことからも、それは明らかだった。

だが、ストレートの球威が増した僕にとって、この一件はプロ野球選手としてのスタイルを見直すきっかけになった。

常識的に考えて、打者が明らかにストレートを待っている場面で注文に応じるプロの投手はいない。しかし、そこであえてストレートを投げる投手がいてもいい、と思った。

もちろん、打ち返される可能性は高い。それを承知のうえで、ストレートで勝負するのである。

きっと、バカな選手だと思われるかもしれない。僕も、そう思う。だが、打たれなければいい。抑えることができれば、ファンのみなさんは喜んでくれるに違いない。

その一件からおよそ2か月が経った6月25日、甲子園に巨人を迎えた第8戦。再び清原さんと対決する機会がめぐってきた。光栄なことに、因縁の対決と注目されていた。

その日も、僕のストレートは走っていた。3番手投手としてマウンドに上がった僕は、7回表を三者凡退に打ち取った。

続く8回表、1死ランナーなしという場面で清原さんが打席に立った。そのとき、キャッチャーの矢野さんとはあうんの呼吸だった。当然のように、僕はストレートで勝負した。清原さんも、当然のようにストレートだけを狙っていた。そして、勝負は清原さんの空振り三振で終わった。


そのシーズンかぎりで巨人のユニフォームを脱いだ清原さんは、翌2006年、オリックスに移籍した。伝統の一戦という舞台で顔を合わせることはなくなったが、その年のオールスターゲームで対戦する機会があった。

公式戦とは異なることもあって、誰がどう見てもストレート以外の球は考えられない場面といっていい。

このとき、僕が清原さんに対して投げた4球は、もちろんストレートだった。しかも、すべて150キロを超えていた。

対する清原さんは、フルスイングで応えてくれた。そして、空振り三振に倒れた。その姿に、僕は一生、この人には追いつけないだろうと思った。

「火の玉や」

僕のストレートについて、試合後、清原さんはそう表現してくれた。「火の玉ストレート」という言葉を僕が誇らしく感じているのは、名づけ親のおかげでもある。

野球の魅力のひとつは、打者と投手の真剣勝負にあると思う。

互いが全知全能を傾けた対決を通じて、打者は投手によって育てられ、投手は打者によって磨かれる。

僕は、清原さんによって磨かれた。

熱狂の中の「JFK」

2005年、僕はシーズンを通じて80試合に登板した。

前年までの通算の登板数を通算しても、74試合である。それほど登板機会が増えたのは、岡田監督が確立した「JFK」という継投パターンに組み入れられたからだ。

僕の80試合登板は2005年当時の最多登板記録で、ウィリアムスと久保田も、この年、それぞれ75試合、68試合に登板した。これほど登板試合数の多い投手が同一チームに3人もいるケースは、かつてなかっただろう。

兄貴分のウィリアムスには、僕と同い年の久保田より8歳年長だったこともあってか、教えてもらったことは少なくない。

とくに、リリーバーとして肩や肘を酷使してきた経験からか、体調管理に努めるウィリアムスの姿は印象に残っている。

シーズン中、久保田は決して無理をしなかった。練習もウォームアップ程度で切り上げることが多く、投手にとって肘の靭帯《じんたい》は消耗品だと強く意識しているようだった。

だが、いうまでもなく、試合となれば連続登板もいとわない。命じられれば何試合でも投げるというウィリアムスの姿勢には、僕も励まされた。おそらく、久保田をはじめ、ほかのリリーバーたちもそう感じていたと思う。

当時、阪神には7、8人のリリーバーがいた。JFKだけでなく、その全員が一体感を共有していたから、彼らとはよく食事にも行ったし、よく話もした。ともに戦っているという意識が、その年のリーグ優勝にもつながった。

この年、僕は7勝1敗1セーブ46ホールドという成績で、最優秀中継ぎ投手のタイトルを獲得した。

好成績の要因は、間違いなく、ストレートにある。ただ、それがほかの投手のボールとどう違っていて、どうすぐれていたのか、じつは僕自身にもよくわかっていない。

当時、矢野さんは「スピードならクルーンのほうが速い」と言っていた。たしかに、横浜のマーク・クルーンが最速160キロを超えていたのに対して、僕の最速記録は156キロだった。

ただ、僕のストレートは打者の手元でぐっと浮き上がるように感じられたという。その原理を物理学がどう解明してくれるのかはわからないが、単なる球速の問題ではないようだ。

僕の感覚的な理解では、ボールの回転のしかたや回転数、ボールが手から離れるリリースポイント、そして上から投げ下ろすことによるタテ方向の角度などの要素がからみ合って、効果を発揮したのだと思う。

さらに、錯覚という要素も関係していたかもしれない。場面に応じて、僕は腕の振りや体の開きを微妙に変えていた。そうした小さな変化によって、打者の目がなんらかの錯覚を起こしていた可能性もある。

いずれにせよ、僕のストレートは相手から三振を奪えるボールとなっていた。実際、このシーズンでは349人の打者から139の三振を奪っている。防御率も1・36という上出来の成績だった。

僕にとっては2回目のリーグ優勝だったが、仲間たちとともに勝ち取ったと実感できた優勝ははじめてである。そして、岡田監督を胴上げできたことにも、格別の喜びがあった。

「球児」と「藤川」

岡田さんは、先述したように僕が入団したころの2軍監督だった。プロとして最初の一歩を踏み出したときから、僕を間近で見てくれていたことになる。選手として、それ以上の心強さはなかった。

だが、親近感はあっても、僕が監督としての岡田さんに甘い期待を抱くことはなかったし、岡田さんも自身に近い選手を特別扱いするような監督ではなかった。

岡田さんは、プライベートでは僕を「球児」と呼ぶが、グラウンドでは必ず「藤川」と呼んだ。

名字ではなく、愛称や名前で選手に接する岡田監督を僕は見たことがない。そうした姿勢に、僕は共感していた。選手としても、やりやすかった。結果重視の方針が一貫していて、野球に集中できる環境だった。

「休んだらゼロや」

ただ、一方で、岡田監督は結果だけを機械的に求めたわけではなかった。チームの勝利を最優先としながらも、選手一人ひとりのキャリアを大切にしてくれたし、本人の意思を可能なかぎり尊重してくれたと思う。

僕が決定的にそう感じたのは、2007年のシーズンだった。

フル回転で登板していた僕の起用法をめぐって、シーズン後半、首脳陣の意見が対立した。

その年の阪神は、スタートからつまずいて出遅れたものの、徐々に投打がかみ合って、7月、8月と続けて大きく勝ち越していた。

9月には、巨人、中日と優勝を争うまでになっていた。そして、僕は8月末から9月初旬にかけて、10試合連続登板というセ・リーグ記録に並んでいた。

「球児、投げすぎやぞ」

そう忠告してくれたのは、金本知憲《かねもとともあき》さんだった。後輩の鳥谷敬《とりたにたかし》も、同様に声をかけてくれた。

鉄人といわれたふたりがそろって心配してくれるほど、僕は危なっかしく映っていたのだろう。

矢野さんも、「これ以上は無理だって自分から言い出さないと、ぶっ壊れるぞ」と、親身に忠告してくれた。

僕は、いつつぶれてもいいと本気で考えていた。少なくとも、岡田さんが監督でいるうちは、勝利に貢献できるなら、つぶれても本望だと思っていた。

だが、僕たちの体調を管理してくれているトレーナーさんをはじめ、スタッフのほぼ全員が僕の連投に反対していた。なかでも最も強硬だったのは、チーフ投手コーチだった久保康生《くぼやすお》さんである。

「おまえのパフォーマンスは球団のものでもあるけど、何よりおまえ自身のものやろう。つぶれてもいいという考えは、捨てたほうがいい」

久保投手コーチは、そう僕を説得した。そして、もしそのシーズン中、僕がマウンドに立たなかったことで、結果的にチームが優勝を逃したとしても、自分はそれでかまわない、とまで言ってくれた。

「おまえの人生のほうが大事やないか」

久保投手コーチは僕をそう諭《さと》すと、岡田監督にも連投を回避して僕を温存するよう進言してくれた。

しかし、岡田監督は揺るがなかった。僕自身が投げると主張し、実際に相手を抑えている以上、僕をマウンドに送り出すべきだというのが岡田監督の考えだった。

「いや、無理です。これ以上、投げさせたら、球児の肩が壊れます」

久保投手コーチが引き下がらずに反対すると、岡田監督はこう言った。

「ほんまは、おれも休ませたい。でも、休んだらゼロや。ゼロではなんの評価にもならんのが、この世界と違うか。試合で結果を出した者だけが、評価を勝ち取るんや。そのチャンスを奪うわけにはいかん」

このとき、僕は自分自身も含めて、誰も間違ってはいないと思った。

このころの阪神は、監督もコーチもスタッフも、そして選手たちも仲間を思いやりながら、それぞれの立場で最善を尽くしていた。

僕の10連投はどうにか成功し、チームは10連勝を飾った。だが、優勝には一歩届かなかった。この年から新設されたクライマックスシリーズ（CS）にも敗退して、2007年のシーズンは終わった。

全球ストレート勝負

結果的に、翌2008年は岡田監督にとって最後のシーズンになった。

この年の夏、北京オリンピックが開催されている。星野ジャパンの一員として、新井《あらい》貴浩《たかひろ》さん、矢野さんとともに僕も戦列を離れた。

それでも、そのシーズンは63試合に登板した。タイトルこそ逃したものの、8勝1敗38セーブ5ホールドと、納得できる成績だった。

開幕から好調だった阪神は、ほぼ独走に近い状態で、7月後半にはマジックが点灯したほどだった。

だが、その後、調子を落とした。そして、不調のままシーズンが終わると、巨人に優勝をさらわれていた。

勝負の世界には、目に見えない流れのようなものがあって、そこにのみ込まれてしまうと身動きが取れなくなる。

時の勢いというものを実感させられた不思議なシーズンだった。

一時は2位に13ゲームもの大差をつけながら優勝を逃した阪神にとって、その年のCSは負けられない試合だった。何より、その年かぎりでの退任が決まった岡田監督を再び胴上げしたかった。

中日とのファーストステージは第1戦を落としたものの、第2戦に勝ち、結果は第3戦にもち越された。

10月20日、3連戦の最後の試合は、8回裏まで互いに無得点という緊迫した試合展開だった。

9回表、僕はマウンドに向かった。そして、2死三塁という場面で、打席にタイロン・ウッズを迎えた。

ウッズに投げた6球すべて、ストレートだった。フルカウントから投げた高めのストレートを狙われ、僕は2ランを浴びた。

それが決勝打となって、阪神の敗退が決まった。岡田監督の最後の試合は、そうして終わった。

このときの勝負について、当時、賛否が分かれたことは僕の耳にも届いていた。

もし6球目がフォークだったら、ウッズは三振していたはずだと評する声が少なくない。

たしかに、そうかもしれない。僕がストレートを過信していたことが敗因と批判された。

しかしこのとき、僕はストレートにこだわっていたわけではなかった。僕がストレートで勝負したのは、それまでの対戦でフォークを打たれていたからだ。

そのシーズンでウッズとは9回対戦して2本のヒットを打たれたが、いずれもフォークが狙われていた。さらに、そのシーズンでウッズから奪った4三振のうち、フォークの空振りで三振に終わった打席はひとつもなかった。

つまり、僕はそれまでの経緯から判断して、抑える確率が高いストレートで勝負したのである。

そのストレートを狙い打たれたのだから、僕の完敗といっていい。僕が対戦した外国人選手のなかで、ウッズは最強の打者だった。

責任を負う以上、自分の判断を信じる

いつのころからか、僕はとりわけ投球内容に関しては、自分の判断を信じることにしていた。周囲のアドバイスを取り入れた場合と比べて、そのほうがいい結果につながることに気づいたからである。

リリーバーという役割のつらさは、抑えに失敗したときほど注目されてしまうことにある。そういうとき、かつては僕も周囲のアドバイスに耳を傾けて、球種やコースを組み立てることがあった。だが、そういうときにかぎって、思うような結果は出なかった。

この種のアドバイスには、独特な響きがある。あくまで最終的な判断は本人にゆだねているなら助言といえるが、たいていの場合、助言の域をはみ出して、本人が判断する余地は残されていない。

そうしたアドバイスが聞こえてくると、僕は自分の頭のなかにずかずかと入ってこられたような気がして、できるだけ耳をふさぐように心がけた。

結果に対する責任は自分ひとりで負わなければならない以上、自分の判断を信じるべきだと思う。

試合が終わったあと、京セラドーム大阪のグラウンドでは岡田監督退任のセレモニーが行なわれた。

選手一人ひとりと握手を交わした際、僕は岡田監督に「すみませんでした」と謝った。最後の場面で僕がマウンドに立っていたことが、どうにも申し訳なかった。

退任を決意したときから、岡田監督は最後の場面を僕に託そうと決めていたのかもしれない。ふと、そういう気がした。

岡田監督は「おまえで打たれてよかった。おまえで終われてよかった」と、僕を気づかってくれた。

**打者は投手によって育てられ、
投手は打者によって磨かれる。
僕は、清原さんによって磨かれた**

リリーバーとしての矜持

結果を出すために
やってきたこと

唯一気にしていたのは防御率

「ＪＦＫ」という継投パターンが確立した２００５年以来、リリーバーとして実績を重ねてきた僕は、ありがたいことに、タイトル争いや記録においても、それなりの足跡を残すことができるようになった。

だが、個人記録を気にしたことはほとんどなかった。引退したとき、日米通算２５０セーブという区切りに届かなかったことを惜しんでくれたファンのみなさんには申し訳なく思うのだが、正直なところ、あまり関心はなかった。

ただ、防御率だけは気になった。

2005年からメジャーリーグに挑戦する前年までの8シーズンで、防御率が2点台だったのは、2010年の2・01だけである。それ以外のシーズンはすべて0点台か1点台で、なかでも自己最高記録となった2008年の0・67という防御率は、われながら価値が高いと思っている。

チームが優勝争いをするなかで、67イニングあまりを投げながら、自責点はわずかに5点である。シーズンを通じて、ほぼ無失点に抑えたという感覚だった。

2年連続で最優秀中継ぎ投手のタイトルを獲得した2006年は、47回3分の2連続無失点と、38試合連続無失点を記録した。前者は阪神の球団記録で、後者は当時の日本記録だった。

いずれも、4月半ばから7月半ばまで、ほぼ3か月間にわたる連続記録だが、その継続中、記録を意識したことはほとんどなかったし、正直なところ、その過程もあまり覚えていない。

僕の意識としては、スコアボードに0以外の数字が記録されたタイミングの問題でしかなかった。

数字と数字の間に0がいくつ並ぶかということより、ひとつでも0を増やすことのほうに関心があった。

とはいえ、そうした記録が若い世代の選手たちの刺激になっているのだとすれば、僕は心から喜ばしく感じる。

2020年、中日の大野雄大《ゆうだい》選手が連続イニング無失点記録を伸ばして、注目された。残念ながら、45回で記録は途切れてしまったが、敵チームながら、僕に特別な関心をもって、背番号も同じ22をつけてくれただけに、大野選手に追い抜かれる日を楽しみにしていた。大野選手なら、いずれ僕の記録を更新してくれると思う。

朝まで繰り返した投球フォームのチェック

僕は、好調を実感しているときは、できるだけ何も変えないことを心がけた。自分からは動かないし、何もさわらない。振り返ることもしなかった。

昔から、僕は結果を全身で受け止めてしまうタイプだった。小さな失投でさえ、気分が沈み込んでしまうことがある。

勝利投手になっても、セーブやホールドがついても、内容に納得ができなければ、悔しさが上まわった。

試合を終えて自宅へ向かうクルマを運転しながら、僕はよくひとり泣いた。投球内容に納得がいかないと、自分でもとまどってしまうほど、自然と涙があふれ出すのである。

そういうとき、僕はほとんど眠らなかった。ナイター終了後、23時くらいに帰宅すると、妻に録画しておいてもらったその日の試合中継を繰り返し見て、反省するのである。録画を何回も見直しながら、修正すべき点が見つかると、全身鏡の前に立って投球フォームを細かく確認する。

ようやく納得できたと思えるころには、たいてい夜が明けていた。早朝7時を過ぎてもまだ納得がいかず、録画を繰り返し見続ける日もあった。納得できるまで反省を繰り返せば、沈み込んだ気分を引きずらずにすんだ。

こうして反省するときはもちろん、日常生活のなかでもつねに僕が意識していたのは、姿勢である。とくに、立ち姿には気をつけた。

姿勢のよしあしは、間違いなく、選手としてのパフォーマンスに影響する。おそらく、選手寿命とも関係しているはずである。

現役時代、僕はときどき首を寝違えた。ひどい場合、しばらく戦列を離れざるを得ないほど深刻なこともあって、そういうときに原因を突き詰めていくと、たいてい枕や寝姿だけの問題ではなかった。

首から胸、腰と全身の姿勢を慎重にチェックしたところ、首以外の部位でバランスを崩していることが多かった。つまり、姿勢のゆがみに原因があったわけである。

個人的な印象にすぎないのかもしれないが、少年野球でも高校野球でも、うまい選手はみな姿勢がよかったように思う。そして、プロ野球の世界でも、姿勢の悪い選手はあまり見かけない。

さらに、野球以外のスポーツにおいても、一流とされるアスリートの多くは姿勢がよく、長く活躍する選手ほど、その傾向が強いような気がする。おそらく、よい姿勢を維持していると故障が少ないのだろう。自信や闘争心といったメンタルな強さが、姿勢にあらわれているのかもしれない。

「理にかなった動きは美しさを伴う」、僕にとって姿勢のよしあしは日常的な課題のひとつだった。

自分はコマのひとつでしかない

２００９年から阪神の指揮をとった真弓明信《まゆみあきのぶ》監督のもと、久保田が先発にまわったことで、「ＪＦＫ」という継投パターンはその役割を終えた。

僕は当初こそ中継ぎだったものの、２００６年の中盤から抑えに転じて、２０１２年のシーズンオフに阪神を退団するまで、ほぼ一貫して抑えの役割を務め続けた。

その間、シーズンにより多少、好不調の波はあったが、首脳陣やファンのみなさんの期待に応えられたのではないかと思う。

中継ぎにせよ抑えにせよ、リリーバーがマウンドに向かうのは緊迫した局面であることが多い。

とくに、先発投手の記録がかかっているような場合は重圧も大きいと思われるようだが、じつはそういう発想はプロフェッショナルの世界にはない。少なくとも、僕にそういう発想はなかった。

リリーバーには状況を正しく理解し、すばやく判断する能力が求められる。そこに余計な要素が入ると、多くの場合、失敗する。

気をつけなければいけないのは、「自分が、自分が」という要素だ。無意識のうちに入り込みやすく、しかも気がつけば中心にどんと居座っている。

たとえば、先輩投手の最多勝がかかった試合で抑えを任されたとする。「もし、自分が打たれてしまったら……」と考える時点で、すでに自分がその状況における主役になってしまっていることに気づかなければならない。

自分が主人公になると、功名心や恐怖心といった余計なものが、正しい状況判断を阻む。打者との勝負に全神経を集中することができなくなって、望ましい結果につながらないことが多い。

例外があるとすれば、先発投手だけだろう。先発投手は、試合をリードする立場にある。主人公という意識が唯一、許される役割かもしれない。


リリーバーとしてマウンドに向かうとき、僕はいつも自分がコマのひとつでしかないと意識していた。

僕は、その場面を抑えるという役割を与えられただけの部品にすぎない。その目的のほかに考えるべきことはないし、考えてはいけない。

余計なことを考えると、自分が前に出しゃばってくる。そうなると、自分のもつ弱さや欲に足元をすくわれかねない。

僕が個人記録にあまり関心がないのは、そういう意識でマウンドに上がり続けたからでもあると思う。

記録とは、結果である。

一つひとつのプレーから自分という不純物を取り除かなければ、プロの世界で結果を残すことはできない。その積み重ねが記録なのだとしたら、僕の記録は自分を捨て続けた履歴といってもよかった。

マウンド上の精神は「クレイジー」

9回までの長丁場を見すえてテンポやリズムを整える先発投手とは違って、中継ぎや抑えとしてマウンドに立つと、1球1球が気の抜けない勝負になる。

しかも、甲子園という舞台は特別だ。球場としての美しさは、世界一といっていい。その場所で積み重ねられた伝統を考えても、「聖地」と呼ぶにふさわしい。そこに阪神ファンのみなさんの大声援が加わるのである。

イニングが進んで緊迫した局面になるほど、あの異様な雰囲気にのみ込まれそうになる。そのようななか、マウンド上の僕がつねに平常心を失っていたと告白したら、驚かれるに違いない。

だが、マウンドに立つ僕はほとんどゾーンに入っているような状態で、僕なりの表現をすると「クレイジー」だった。しかも、甲子園以外のマウンドでも、それは同じだった。

多くの場面で、僕の精神は、普段の僕とはまったくの別人だった。それゆえに、ほとんどの試合について、僕は自分が投げたボールを覚えていない。

プロ野球の世界では、何年も前の試合でも、球種やコース、カウント、打者の対応などを正確に記憶している投手が少なくない。将棋のプロ棋士が、膨大な棋譜《きふ》をそらんじているようなものだろう。

だが、僕はほとんど覚えていない。覚えてはいないのだが、打者と対峙している一瞬一瞬を切り取ってみると、冷静に状況を把握して、覚めた頭で相手を仕留める方法を考えている。

そして、全身の筋肉は萎縮することなく、自然と軽やかに動く。無我夢中ともいえないし、泰然自若《たいぜんじじゃく》とも違う。クレイジーとしかいいようがない。

この状態をどう表現すべきなのか、自分でもよくわからないのだが、あえてたとえるなら、戦場での心理に近いのではないか。それも、砲弾が飛び交う近代戦の戦場ではなく、侍が槍《やり》と刀を振りまわす戦国時代の戦場である。もちろん、僕にその経験はない。だが、映画や本で描かれる場面を思い浮かべると、マウンドに立った際の感覚に通じるものを感じる。

やるか、やられるか。互いが刀を手にして、間合いをはかり、斬り合う。斬り倒したら、次の相手があらわれて、再び命のやりとりがはじまる。

やがて、マウンドに駆け寄ってきたキャッチャーと肩をたたき合った瞬間、どうやら今日も斬られずにすんだと気づく。そんな感覚に近い。

今でも申し訳なく思うのだが、試合後、マスコミの方々に感想を尋ねられても、僕は期待に応えるようなコメントができなかったと思う。

せいぜい「チームに迷惑をかけなくてよかったです」という程度しかコメントできなかったのは、そういう事情による。

打たれてもいい、負けさえしなければ

長くリリーバーという役割を務めていると、当然、救援に失敗することもある。僕の感覚でいうと、相手と斬り合って、自分が斬られてしまうケースである。

そういうとき、僕はつくづく投手とは因果な商売だと思った。たとえ自分が斬られてしまっても、その後も試合は続くのである。

しかも、もちろん試合放棄などできないし、マウンド上の投手は監督が審判に交代を告げないかぎり、マウンドから降りることは許されない。試合を終わらせたければ、斬られても立ち上がり、再び刀を手に取って斬り合いを挑み、相手を倒さなければならないのである。

僕がマウンドに上がるときは、「斬られさえしなければいい」という感覚だった。「負けなければいい」ということである。

たとえば、2点をリードした9回裏、ツーアウトながら一、二塁に走者がいて、相手打線の3番打者を打席に迎えるとする。

もし、僕が3番打者を苦手にしていて、4番打者であっても抑える自信があれば、あえ

て四球を与えることに躊躇《ちゅうちょ》はない。

僕がマウンドに上がるときは、いつも満塁の場面まで想定していた。いくら出塁を許しても、ホームベースさえ踏ませなければいい。

リリーバーの仕事とは、打たれないように抑えることではなく、負けないことである。

理想の展開は「無形」

意外に思われるかもしれないが、僕はどういう局面においても三者三振に抑えることを理想と考えていたわけではなかった。

僕の野球観に理想とする展開があるとすれば、それはおそらく「無形」である。めざすべきはリスクが少しでも低い展開であって、それはそのときどきの状況によって異なる。必ずしも、三振を奪いにいくことだけが最上の策ではない。

プロ野球選手の仕事場は、非日常的な緊張感が支配する異常な環境といっていい。いったんシーズンがはじまると、僕の場合、野球以外のことを考える精神的な余裕はなかったし、体力も気力も時間も、生活の大半を野球に捧げた。

そうした日常のなかで、ある時期から、僕はずいぶん昔に抱いていた夢を意識するようになった。実現するはずなどないと思い込んでいた夢が、じつは手の届きそうな場所にあることに気づいてしまったのである。

メジャーリーグに挑戦する、という夢だった。

理にかなった動きは美しさを伴う

III

憧れの地での苦闘

日増しに募った世界への憧れ

2012年オフ
メジャーリーグ挑戦

メジャーリーグで29試合にしか登板できなかった理由

野村監督の隣でタテ縞《じま》のユニフォームに袖を通した18歳の春、プロ野球選手としての僕の人生がはじまった。そして、40歳で同じタテ縞のユニフォームを脱いだとき、それは終わった。

最初と最後がタテ縞だったから、まるで阪神一筋に走り抜けたようにも見える。もしかしたら、その間に僕が3種類の違ったユニフォームを着ていたことを忘れてしまった方もいるかもしれない。

実際、僕が別のユニフォームを着ていた期間はあまり長くなかったし、その間に胸を張れるような実績を残すこともできなかった。みなさんの記憶に残らなかったとしても、無理はないかもしれない。

そして、僕自身、そのときのことをこれまでほとんど話さなかったから、メジャーリーグと四国アイランドリーグで過ごした3年間の僕を知る方は、そう多くないだろう。

僕がこの間のことをあまり口にしなかった理由は、いくつかある。

そのひとつは、僕がプロ野球選手だから、といっていい。とくにメジャーリーグでの2年半については、何を話しても言い訳としか受け取られなかったと思う。

それが負け犬の遠吠えでなくなるのは、帰国後、僕が再びある程度の実績を残してからだろうと考えていた。

右腕一本で勝負してきた以上、いくら言葉を尽くしたところで、不本意に終わった理由に説得力は生まれない。それならば、みなさんが僕の言葉に耳を傾けてくれるようになるまで黙っていようと思ったのだ。

もうひとつ、大きな理由はセンシティブな問題がからんでいたからだった。言葉を選び、タイミングを考えて慎重にお話ししないと、誤解を招くおそれがある。関係者への影響を考えても、僕が現役のプロ野球選手である間はできるだけお話しするまいと思っていた。

いっそのこと、そのまま黙っていてもよかったのかもしれない。だが、そのことを避けていては、僕にとってメジャーリーグへの挑戦が何を意味するのかを正確にお伝えすることはできない。

今、僕がアメリカでたった29試合にしか登板できなかった理由をお伝えしておくことは、これまで僕を応援してくださった方々にとってはもちろん、かつての僕のようにメジャーリーグに対して純粋な夢を抱く後輩たちにとっても、意義深いのではないだろうか。

少なくとも、僕自身にとっては、プロ野球選手としての人生の幕引きに際して、不可欠な手続きだと思う。

ＷＢＣで意識したメジャーという存在

野球少年なら誰しも憧れるメジャーリーグが、僕のなかでキャリアの延長線上として意識する具体的な存在に変わったのは、２００６年に開催された第1回ワールド・ベースボール・クラシック（ＷＢＣ）に出場してからだった。

東京で行なわれた第1ラウンドを勝ち進むと、第2ラウンド以降、舞台はアメリカ西海岸のカリフォルニアへと移る。

チャンピオンになった日本代表がアメリカで戦った5試合のうち、僕は第2ラウンドのアメリカ戦と韓国戦で投げた。

とくに、A・ロッド（アレックス・ロドリゲス）にヒットを打たれてサヨナラ負けを喫したアメリカ戦は、今も覚えている方が少なくないかもしれない。あのとき、アナハイムのエンゼル・スタジアムは自国の代表チームの劇的な勝利を祝福する声に満ちていた。

第1回WBCの優勝に貢献できたといえるほどの活躍はできなかったものの、大会を通じて僕はしっかりとした手応えを感じていた。自分の右腕が世界に通用する、という手応えである。

もちろん、本当に通用するかどうかは、実際にメジャーリーグのマウンドに立ってみないとわからない。

だが、メジャーリーグのなかでも超一流とされる選手たちと実際に対戦したり、彼らの戦いぶりを目の前で見るうち、僕のストレートでメジャーリーグのシーズンを戦い抜いてみたいと思うようになった。

この大観衆に見守られながらロジャー・クレメンスと投げ合ったり、A・ロッドやバリー・ボンズを相手に震えるような真剣勝負がしてみたい——。

WBCという特殊な場ではあったが、メジャーリーグのマウンドに立ってしまった以上、僕がそう思うようになったのは自然ななりゆきだった。

腕に覚えがあれば、敵は強ければ強いほどいい。以来、僕はメジャーリーグへの挑戦を現実的な目標として考えるようになった。

目標は隠さない

漠然とした遠い夢だったメジャーリーグへの挑戦がリアルな目標に変わってから、それが実現するまでに6年半を要したことになる。

25歳のときに掲げた目標が32歳にしてようやく実現したわけで、正直なところ、ずいぶん時間がかかってしまったと思う。

とはいえ、簡単に実現するものではないことも、よくわかっていた。当時の僕は現に阪神の戦力に数えられていたからだ。

もし、僕が球団側の立場だったとしても、あえて戦力ダウンに直結する道を選ぶはずがない。よほどの見返りが得られないかぎり、せっかく育てた戦力をやすやすと手放すようなことはしないに違いなかった。

また、道義的な面でも高いハードルを乗り越えなければならないことは、覚悟していた。高校を卒業したばかりで線の細かった僕を一人前のプロ野球選手として育ててくれたのは、なんといっても阪神という球団なのだ。

世話になるだけ世話になって、ひとり立ちしたら好き勝手に振る舞うというのは、人間として美しくない。

もっとも、球団側にすれば選手は手ゴマのひとつにすぎない。不要と判断されればいつでも見捨てられるのが、プロ野球という世界である。

実際、僕も一時は阪神から見かぎられそうになったわけで、そう考えればもっとドライに考えて行動してもよかったのかもしれない。それでも、そう割り切れなかったのは僕の性分なのだろう。

そうして自分なりにいろいろ考えた末、はじめて本心を球団側に伝えたのは、第1回WBCの翌年のオフに行なわれた契約更改の場だった。

条件を聞いてから話すのは失礼だと思ったから、金額の提示をいったん保留していただいたうえで、ポスティングシステム（入札制度）を利用したメジャーリーグへの移籍を願い出た。しかし、残念ながら、聞き入れてはもらえなかった。

ただ、このとき自分の意思を球団側にはっきりと伝えたことで、来季もまた阪神の選手としてがんばろう、と気持ちを切り替えることができた。

本心を隠したままマウンドに立つのは、関係者やファンのみなさんに対してうそをつくようなものだ、と僕は思っていた。後ろめたい気持ちで投げるくらいなら、たとえ批判を浴びても公言するほうがいい。

そして、いったん契約を更改したら、メジャーリーグへの挑戦はあくまで僕の個人的な目標として封印して、頭のてっぺんからつま先まで阪神の選手として、全力で戦った。

そうして毎年、球団側とのやりとりを積み重ねながら、２０１２年の暮れ、僕は海外フリーエージェント（ＦＡ）権を行使することで、ついに目標を実現することになった。

大事なものを置き忘れて去るような感覚

念願がかなうまで、僕は僕なりに手順を踏み、とくにお世話になった方々に対して不義理になるようなことだけはするまい、と留意してきた。

それだけに今も心残りに思うのは、阪神を去るにあたって、ファンのみなさんに対して感謝の気持ちを伝える場がなかったことである。

じつは、僕がシカゴ・カブスと契約を交わす直前に行なわれた阪神のファン感謝デーで、ファンのみなさんに対してメジャーリーグへの挑戦を報告する予定になっていた。

そう決まったのは、その年のシーズンが終わって、僕が海外ＦＡ権の行使を宣言した直後だったと思う。ある球団幹部から「最後にファンのみなさんに挨拶をしてほしい」と依頼されたのだ。

「もちろん、そのつもりです」

そう即答した僕は、内心、その方が僕の気持ちを察してくださっていたことを心強く感じていた。

「ファンの方々にひと言もお礼を言わないままアメリカに行くのは僕もつらいです。ほかのチームでは、アメリカに行くことになった選手は『お世話になりました。チャレンジしてきます』って、ちゃんと挨拶しています。僕もそういう機会をいただきたかったから、ご配慮くださってうれしいです」

「そう言ってもらえると助かるよ。今まで悪かったな、球児」

その方は、僕のメジャーリーグへの挑戦をひそかに応援してくださっていた。

「ずっとポスティングでメジャーに行きたいと言い続けてきたのに、行かせてあげられなくて。本当に悪かった」

「いいんです。それをモチベーションにしてがんばってこれたんですから。向こうでも、がんばってきますよ」

「おう。応援してるからな」


そんなやりとりがあって、その後、僕はひそかにファンのみなさんに対する感謝の気持ちをどう表現しようかと、考え続けていた。

ところが、ファン感謝デーの3日前、別の球団幹部から電話があって、「あの話、なくなりました」と告げられた。

「なくなったって、どういうことですか」

「私の口からは言いにくいんですが、じつは会社のなかで『出ていくやつにそんな挨拶なんかさせる必要はない』ということになりまして。急な変更で申し訳ないんですが、そう決まりましたので、すみません」

電話を切ってからも、しばらくの間、僕はいったい何が起こったのかがきちんと理解できなかったような気がする。

一方的にそう言い渡されたものの、実際のところ、予定が覆《くつがえ》されてしまった真相はよくわからない。何があったにせよ、それからほどなく僕は渡米したので、ファンのみなさんに対して直接、感謝の気持ちを伝える機会が失われたことは事実である。

当時の僕の行動を不愉快に感じたファンの方々には、あらためてお詫びしたい。ただ、結果として義理を欠いてしまったことが決して僕の本意ではなかったことも、ご理解いただきたいと思う。


そんなことがあったから、カブスと2年契約で合意してからも、僕はようやく念願がかなった喜びを感じてはいながら、大事なものをどこかに置き忘れてきたような複雑な気持ちだった。

渡米する前後の慌ただしいさなかにも、僕がファンのみなさんに対して冷淡で、けじめの挨拶もできない非常識な男だと批判されている様子が伝わっていた。

このときも、僕はあえて反論しなかった。反論したところで、はた目には球団と僕が責任をなすりつけ合っているようにしか映らないだろう。

事情はどうあれ、ファンのみなさんに対して挨拶ができなかったのは事実なのだから、そのことに対する批判は甘んじて受けようと思った。

しかし、いずれ時期が来たら、事実関係をきちんとお話しするつもりだった。実現こそしなかったが、僕のためにファン感謝デーの一部を割いてやろうと企画し、直前まで奔走してくださった方々がいたからだ。

僕のメジャーリーグへの挑戦は、そうした方々の厚意に支えられて実現したことでもあった。その恩は、僕がシカゴのリグレー・フィールドのマウンドに立ったとき、この右腕で返すつもりだった。

“腕に覚えがあれば、
敵は強ければ強いほどいい”

2013～15年
メジャーリーグ時代

異国の地で経験したプレー以外の大きな壁

肘の断裂、トミー・ジョン手術へ

僕のメジャーデビューは思ったより早く、2013年4月1日、ピッツバーグ・パイレーツとの開幕戦で実現した。

9回2死、一、二塁――。味方の抑え投手が予想外の乱調で、急きょ、マウンドに上がった。そして、2球で相手をセンターフライに打ち取って、試合は終わった。

日本人投手としては、はじめてとなるデビュー戦での初セーブという幸先《さいさき》のいいスタートには違いなかったが、どこか拍子抜けしてしまうようなあっけなさだった。

それから2週間ほど経ったサンフランシスコ・ジャイアンツ戦では初勝利を飾ることが

できたのだが、その数日前から右腕の前腕部に張りを感じていた。もっとも、以前にも感じたことのある違和感だったから、大事を取ってしばらく休めば回復すると考えていた。実際、1週間も経つと張りはおさまって、1か月ほどでマウンドに復帰できた。

復帰後は心身ともに調子がよく、僕はシーズンを通じてメジャーの舞台で投げ抜く自信のようなものをはっきりと感じていた。

だが、好調は2週間あまりしか続かなかった。5月末、同じ部位に張りを感じて精密検査を受けたところ、靭帯の断裂が判明したのである。

当時、マスコミの取材に対して「ピッチャーにとって肘の靭帯は消耗品だから、この仕事をやっている以上、しかたがない」と、僕は努めて冷静に答えていた。事実、同じ故障を経験した投手は少なくない。

僕も、いつ故障してもおかしくないとは思っていたのだが、このときばかりはショックが大きかった。初登板からまだ2か月しか経っていなかったことに加えて、故障の原因として、かすかな心当たりがあったからだ。

じつは、メジャーリーグではじまる新たな野球人生を見すえて、僕は筋力の増強に取り組んでいた。

阪神でのシーズンを終えたときに86キロだった体重は、翌春、カブスで開幕を迎えたとき、93キロまで増えていた。もちろん、僕よりひとまわりもふたまわりも大きい外国人選手たちと伍して戦うためである。

しかし、トレーナーからは肩まわりに筋肉がつきすぎているのではないかとの懸念が指摘されていた。過剰な筋肉によって体のバランスが崩れると、投球フォームにも影響が出かねない、というのである。

そのとき僕は、トレーナーの指摘を実感として受け取ることができなかった。むしろ、筋力が強化されただけ前年までよりも球威が増したようにさえ感じていたのである。

実際にはトレーナーの指摘が正しく、肩まわりの変化が肘への負担増につながってしまったのだと思う。筋力強化は僕なりに考えたメジャーリーグ対策だったが、裏目に出てしまった。

結局、デール・スウェイム監督やドクターと相談のうえで、6月に「トミー・ジョン手術」と呼ばれる靭帯の再建手術を受けた僕は、再び戦列に加わることなく、メジャーデビューのシーズンを終えた。

登板試合数12、1勝1敗2セーブ1ホールド。被安打11、被本塁打1、奪三振14、防御率5・25——。奪三振数もプロ入り以来、最低なら、防御率も最低だった。

手術を受けたあと、僕はリハビリに専念するためシカゴを離れ、カブスのキャンプ施設があるアメリカ南西部のアリゾナ州メサに移った。メサは冬も温暖で過ごしやすく、清潔な街でおだやかだった。

不安は自分が作り出すもの

「リハビリ中、焦りや不安はなかったか」とマスコミの方からよく質問されたが、もちろん忸怩《じくじ》たる気持ちだった。

不安とは自分が作り出すものだ。周囲の状況や将来への見通しを判断して、自信がないから不安に襲われる。

本当にメジャーのマウンドに戻れるのかという疑念が少しでも頭をよぎったら、とにかく自分を信じ抜くことだと、僕は自分自身に強く言い聞かせていた。

不幸中の幸いというべきか、僕の右肘は順調に回復していった。ルーキーリーグのマウンドに立って実戦に復帰したのは、フロリダの病院で手術を受けてから1年1か月後のことである。

そして、それからさらに1か月が経った2014年8月6日、デンバー（コロラド州）のクアーズ・フィールドで行なわれたコロラド・ロッキーズ戦で、僕はメジャーのマウンドへの復帰をはたした。

打者3人に対して10球投げ、ストレートは走っていて、最速92マイル（約148キロ）を記録した。437日ぶりのマウンドにしては、われながら納得できる内容だったと思う。

しかし、メジャー2年目は、復帰後、最終戦までの1か月あまりしか残されていなかった。わずか15試合に登板しただけでシーズンが終わると、カブスとの契約も終わった。

その瞬間、メジャーリーガー藤川球児はいったんこの世から消えた。あとに残ったのは、34歳で職にあぶれた異国の地にいる日本人の姿だった。

復帰に向けての手応え

カブスでの2年間は自分でも想像ができなかったほど不本意な結果に終わってしまったが、復帰後の1か月あまりの間に、僕は翌年のシーズンを万全な体調で戦う自信を深めていた。

一般的に、トミー・ジョン手術から完全復帰までには、2年を要するといわれている。

再建された新しい靱帯が体になじむまで、それくらいの時間がかかるという意味だ。

そう考えれば、メジャー3年目となる翌年の初夏には完全に復調しているはずだったし、実際にそういう手応えを感じていた。球速も、すでに「火の玉」に戻りつつあった。

だが、そんな前向きな見通しも、他球団からのオファーがなければただの皮算用でしかない。

実際のところ、復帰後の僕が登板するたびに他球団の関係者が調査に訪れていたことは耳にしていた。カブスの関係者に対して、他球団から問い合わせが入っていたことにも気づいていた。

しかしながら、そうした動きをひそかに妨害しようとする意思が働いていたことも、僕は知っていた。最悪の場合、もう二度とメジャーリーグのマウンドに立つ機会は訪れないかもしれないと、そのとき僕は覚悟していたのである。

投げろと言われたら、いつでも投げる

どうにもやっかいなことになってしまったとはっきり認識したのは、僕が故障から復帰してチームに合流した日のことだった。

1年以上もの間、戦列を離れてしまった僕はチームに貢献できなかった不甲斐なさを心から申し訳なく思っていたのだが、チームメイトをはじめ、カブスの関係者はみな「フジ、よかったな」と、僕の順調な回復を喜んでくれていた。

そのうち、投手コーチが近づいてきた。彼は「なぜ戻ってきた?」と言った。僕は一瞬、耳を疑った。

「おまえのせいで、おれの仕事が危なくなったじゃないか」

てっきり冗談だと思った僕は「ソーリー、ソーリー」と苦笑いで答えた。しかし、彼の表情が崩れることはなかった。

僕を嫌っているらしい——。

そう直感したとき、それまで腑《ふ》に落ちなかったことの原因がわかったような気がした。僕が復帰するまでのスケジュールや起用法について、疑問を感じることが少なくなかったのである。

たとえば、トリプルAでの調整が最終段階に入ったころ、はじめて2日連続での登板を設定されたことがあった。連投がきくかどうか、というテストである。僕は、打者4人を1安打に抑えた。連投可能、という回答だった。

あとはメジャーで結果を出すだけだったが、なぜか翌日以降もトリプルAに帯同せよと命じられた。そのシーズンからチームの指揮をとっていたリック・レンテリア監督に対して、どういうわけか、トリプルAでの結果が報告されていなかったのである。常識的には、考えられないことだった。

決して合理的とは思えない起用法は、僕がメジャーに復帰してからも続いた。なかでも、復帰から5試合目で2イニング続けて登板させられたときは、せっかく回復しつつある右肘がぶっ壊れそうで、さすがに怖かった。

しかも、1イニングを投げ終えた段階で「次も行け」と命じられた。いうまでもなく、2イニング連続で投げるのは復帰後、はじめてだった。予定にはなかった展開に焦りを感じつつも、僕はボールを投げた。

そうした様子にすばやく異変を感じ取ったチームメイトのなかには、僕を心配してくれる選手もいた。僕がダブルヘッダーに連投したときには、もう黙っていられないといった調子で、

「どうしてそんなことになっているんだ、フジ」

と、自分のことのように憤ってくれたのだ。

「行けるかって聞かれたから、行くよって答えた。ただ、それだけさ」

「それじゃあ、おまえがつぶされちゃうじゃないか。自分が投げる場面じゃないって、はっきりと言わなきゃだめだよ。パワハラだぜ」

彼は、僕が首脳陣に対して従順すぎると感じたようだった。

たしかに、その時点ではすでにチームの最下位が決まっていたから、故障から復帰したばかりの僕が1日に2回も登板する必要性は、まったくなかった。

それを承知で投げたのは、僕が首脳陣に対して不服を申し立てる勇気がなかったからでも、優等生ぶりたかったからでもない。投げろと言われたらいつでも投げるのが、この仕事だからである。

火事が起これば水をかけるのが消防士の仕事だし、依頼されたら家を建てるのが大工の仕事である。クローザーなら、出番だと言われれば毎日でもマウンドに上がる。

だから、黙って僕は投げた。それを命じる側にどういう意図があろうと、それは僕には関係のないことだった。

直面した理不尽な「壁」

やがて、その投手コーチが僕に対する敵意をはっきりとあらわしたのは、そのシーズンの最終戦が行なわれた日のことだった。

午前中、球団社長との面談があって、僕はカブス側から契約を延長する意思がないことを告げられていた。事実上、その日でクビというわけである。

僕は、レンテリア監督に経緯を報告し、その日に行なわれる最終戦での登板を辞退したい、と申し入れた。復帰後に無理を重ねたからか、右肘が限界に近づいていたうえ、マイナーから昇格したばかりの複数の若手が登板を熱望していたからである。

僕の気持ちを察してくれたレンテリア監督は「今日のゲームでは、ベンチで座っていてくれるだけでいいさ」と、了解してくれた。

そして、午後、練習が終わってロッカーに戻ったときだった。「おれの部屋へ来い」と、投手コーチが僕を呼びにきた。あの日以来、僕は彼がどうにも苦手だったから気が進まなかったのだが、しかたがない。僕は、彼の個室のドアをノックした。

「おまえ、おれをなめているのか」

僕が部屋に足を踏み入れるなり、彼はそう怒鳴りつけてきた。だが、僕には彼に罵倒される理由がわからない。

ただ呆然と困惑するしかなかったのだが、彼の話を聞いていると、どうやら彼は僕がレンテリア監督に登板辞退を申し出たことに引っかかっていたらしい。選手が監督に直談判したことによって、投手コーチである自分の権限がおかされた、と感じたのだろう。

僕は、事情を説明して謝ろうとした。しかし、よほど腹にすえかねたのか、彼は僕の言葉に耳を貸そうとはしなかった。

「監督といっても、彼はまだ1年目だろ。おれはもう15年も、この世界でコーチを務めてきたんだ。その意味がわかるか」

そう言うと、彼は他球団の関係者から僕に関する問い合わせを受けていることを明かした。カブスとの契約が終わり、ＦＡになった僕に関心を寄せる複数の球団が、僕の回復ぶりについて、その真相を知りたがっているという。

「いいか。おれはキャリアが長い。だから、みんなおれに電話をかけてくる。フジカワはどうなんだってな。でも、おれはいいピッチャーだとは言わない」

そう言い放つと、彼ははっきりと言った。

「おれは、おまえが嫌いなんだ」

「あなたが僕をどう思おうと、僕には関係がない」

僕は、本心を素直に答えた。実際、彼が僕に対してどんな感情を抱こうと、僕にはどうでもいいことだった。しかし、ますますヒートアップしてしまったのか、彼は激しい口調でこう宣言した。

「おまえが今後、絶対にメジャーでは投げられないようにしてやる」

もはや、それ以上、彼と言葉を交わす必要はなかった。

「わかったよ。もう出ていくよ」

そう言い残して、僕は彼の部屋を出た。

野球を心から楽しめる舞台で、思い切り投げたい

なぜ、彼がそこまで僕を憎悪するにいたったのか、正直なところ、僕には未だによくわからない。

彼には僕と積極的にコミュニケーションをはかろうという姿勢は感じられず、投手コーチと選手という関係上、必要なこと以外で彼と言葉を交わすことはなかった。そもそも、僕は英語を話すことができなかった。

ただ、ひとつだけ、気になることがあった。僕がカブスに入団したころ、前後してカブスの一員になったアジア系の選手のことである。

チームによって少しずつ事情が異なるのだが、メジャーリーグには暗黙のルールがいく

つかあって、練習の際、中継ぎや抑えの投手は外野でボール拾いをすることになっていた。

ベテランであろうと新人であろうと、そのルールは先発以外の投手たちに等しく適用される。そのうち、投手コーチから「上がっていいよ」と声がかかるとお役御免になる、というしくみなのだが、その選手だけは何を思ったのか、いっさいボール拾いをしなかった。

「おいフジ、あいつどうなってるんだ。ちゃんと教えてやれよ」

いつだったか、その選手のふるまいに腹を立てたチームメイトのひとりが、僕にそう忠告してきたことがあった。アメリカ出身の彼には、アジア人の国籍が区別できなかったのである。

「いや、僕は日本人で、彼とは国が違うんだ。だから、言葉も通じないんだよ」

僕がそう言うと「そうだったのか」と理解してくれたようだったが、

「フジ、おまえとはずいぶん違うんだな」

と、いまいち納得しかねる顔をしていた。

ボール拾いをしない選手に対して、投手コーチもずいぶん憤っていたらしい。チームメイトから、そう聞かされたことがあった。

投手コーチの言動には、もともといわゆる白人至上主義的な傾向があって、それ以来、彼のアジア人に対する偏見がますます強まったのではないか、と指摘する声も聞こえてきた。

僕も、そうした見立てはそれほど間違っていなかったように思う。なぜなら、それから数年ののち、その投手コーチは「配慮に欠けた発言」が問題とされて、所属していたチームを解雇されたからだ。報道によると、その発言とは人種差別にかかわるものだったという。

いずれにせよ、僕が投手コーチから嫌われていたのは事実のようで、カブスとの契約が切れた僕の移籍を彼が妨害していたことも、本人の発言によって明らかだった。

この理不尽が、あくまでその投手コーチの個人的な偏見による特殊な事例だったなら、単に運が悪かったのだと割り切ることもできる。だが、必ずしもそうとは言い切れないとしたら……。

このとき僕が願っていたのは、とにかく野球を心から楽しめる舞台で思い切り投げたい、ということだけだった。メジャーリーグであろうが日本のプロ野球であろうが、年俸も待遇もどうだっていい。ただ、楽しく野球がしたかった。

幻となったヤンキースとの契約

２０１４年のシーズンが終わってカブスを去ることになった僕は、ＦＡという立場で他球団からのオファーを待つことになった。オファーがなければ、日本に帰るしかない。

だが、投手コーチによる妨害という想像もしなかったトラブルに見舞われたものの、幸いにしてテキサス・レンジャーズから声をかけられ、その年の暮れ、１年契約で入団することになった。

しかし、じつのところ、僕はニューヨーク・ヤンキースへの入団がほぼ決まりかけていた。もし、このときヤンキースとの契約が実現していたら、ちょうど同じ時期に退団したイチロー選手と黒田博樹選手とは入れ違いになったが、田中将大《まさひろ》選手から僕がマウンドを引き継ぐ場面があったかもしれない。

ヤンキースは、僕が阪神時代に海外ＦＡ権の行使を宣言したころから注目してくれていたらしい。翌シーズンの復調を期待して、僕にオファーしてくれた。

ヤンキースとの入団交渉は、大きな問題もなくスムーズに進んだ。そして、あとはドクターチェックを受けて右肘の状態が確認されれば正式契約という段階にいたったのだが、そこで破談になってしまった。

このときのことは、家族以外、これまでほとんど誰にも話したことはないのだが、僕にとっては印象深い出来事だった。

たしか、12月に入って間もないころだったと思う。クリスマスシーズンを迎えたニューヨークは、その日、雪が降っていた。

指定された病院でドクターチェックを受けた僕は、マンハッタンにある有名なカフェで高そうなコーヒーを飲みながら、ヤンキースの担当者から祝福の言葉をかけられていた。

「おめでとう、フジ。いよいよ契約だな」

どうやら、無事にドクターチェックをクリアしたらしい。僕は、翌シーズンも引き続きメジャーのマウンドに立つ見込みがついたことに、安堵《あんど》を感じていた。

ただ、どこか他人事のような感覚でもあった。自分には手の届かないところで、誰かが僕の人生をあやつっているようような。

やがて、簡単な打ち合わせが終わって雑談をしていると、担当者の携帯電話が鳴った。そして、数分後、彼が電話を終えると、僕のヤンキース入りの話はきれいに消えていた。

「すまない、フジ。ドクターがノーと言っている」

いったんクリアしたドクターチェックが覆されたのか、そもそもまだクリアしていなかったのか、僕にはよく理解できなかった。

これはのちにわかったことなのだが、ヤンキースのドクターと僕が手術を受けたフロリダのドクターは、まったく別の系統に属していたらしい。

トミー・ジョン手術に対する見解に相違があって、ドクターの系統が異なれば術式も違うという。俗な言葉でいえば、医療の世界にも派閥があるということなのだろう。対立派閥のドクターが手がけた症例は、認めにくい。僕がドクターチェックに引っかかった背景には、そういう事情もあったと思う。

「じつは、ほかにも候補がいて、ドクターはそちらのほうが健康だから、そちらと契約すべきだと言ってきたんだ。気を悪くしないでほしい」

「いいんだ。気にしないでくれ」

運命とは、やはり不思議なものだ。そう実感しつつ、僕はふと、今年二度目のクビだ、と思った。

1年で2回も契約を失った選手は、僕くらいだろう。そう自嘲しながら、僕は担当者と別れの握手を交わすと、タクシーで空港へと向かった。

レンジャーズからのオファーが届いたのは、その数日後のことだった。

ボタンのかけ違いでスタートしたシーズン

僕がレンジャーズの選手だった期間は短く、2015年5月に戦力外通告を受けるまでの半年間にすぎなかった。

契約を交わした当初こそ、新天地に復活の舞台を得た気がしてうれしかったのだが、今振り返ってみると、最初からボタンをかけ違っていたような気がしてならない。

というのも、開幕を間近に控えたスプリングトレーニングに合流すると、監督が別人に変わっていたのである。

じつは、僕がレンジャーズと契約した時点で監督だったのは、その3か月前に監督が辞任したことで急遽、チームの指揮をとっていた臨時監督だった。2015年のシーズンは、新監督のもとで戦うことが決まっていたのである。

当然、そのことは公式に発表されていた。慌ただしかったとはいえ、知らなかった僕がうかつだったのだが、スプリングトレーニングまでの間に新監督と面談する機会くらい設定されてもよさそうなものだった。

「フジ、今からミーティングをしよう」

スプリングトレーニング初日の朝、まるで僕のとまどいを察したかのように、新監督から声がかかった。僕は、通訳の方とともに監督室に向かった。


「カブスで何があったんだ」

僕がイスに座るなり、監督はそう問いかけてきた。

「彼から聞いてるぞ」

「彼」とは、カブスの投手コーチのことである。来たな、と思った。僕は、とっさに目の前の監督と投手コーチの関係性を想像してみたが、彼らにどんなつながりがあるのか、その場ではよくわからなかった。

「あなたが彼から何を聞いたのかはわかりませんが、僕には彼ともめたという認識はありません。僕は、監督やコーチの判断に従うだけです」

「そうか。わかった」

それから少し話したあと、監督ははっきりとした口調でこう告げた。

「私は、君をメジャーでスタートさせようとは思っていない」

メジャー3年目の開幕をトリプルAで迎えろ、ということである。僕は、その場で「話が違う」と抗議しようとしたが、やめた。

僕がメジャーで開幕戦を迎えることは契約に際しての合意事項のひとつだったのだが、自分のあずかり知らない話だと監督がはねつけるのは、目に見えていたからだ。

契約にあたっては、スプリングトレーニングでの登板試合数も6試合と決まっていたのだが、結果的に、僕は10試合近くマウンドに立った。もちろん、それも監督の指示だった。

場外の政治力に翻弄される日々

どうやら監督とは信頼関係が結べそうにないとわかったとき、正直なところ、僕のモチベーションはほとんど失われたといっていい。

プロ野球選手として恥ずかしいボールは投げられない、という意地がギリギリのところで僕を支えてはいたが、これから先、野球とはまったく関係のないところで神経をすり減らさなければならないのかと考えると、シーズンを終えるまで闘争心や集中力を維持できるとは、とうてい思えなかった。

そんな精神状態では、おそらく実績も残せないだろう。僕は、うんざりしていた。

カブスの投手コーチとの関係は、監督が去年までピッツバーグ・パイレーツのベンチコーチだった経歴を知り、すぐに察しがついた。カブスもパイレーツも、同じナショナル・リーグに加盟するチームである。さらに、いずれも中地区に所属していて、対戦数が多い。すなわち、敵味方に分かれているとはいえ、定期的に交流の機会があったと見ていい。そうした環境のなかで、おそらく彼らは頻繁に情報を交換していたのだろう。

よく知られているように、アメリカは契約社会である。そのため、メジャーリーグについても実力主義のビジネスライクな人間関係が想像されがちだが、実態はそうとも言い切れないところがある。少なくとも、僕の実感では個人的なつながりを重視する傾向が強いように思えた。

とくに、現場の首脳陣に関しては、感情的な相性を含めた人間関係が人事を左右するケースが多い。

彼らは自分のブレーンをことのほか大切にしていて、監督が他球団に移籍すると、コーチ陣もごっそりと動くような例が少なくない。そうした文化のなかでは、当然ながら、派閥も形成されやすく、ときには指導者としての能力以上に、政治的なセンスにすぐれた人物が権限を握りがちだ。

そのような構造の是非はともかく、メジャーリーグも生身の人間たちで成り立っている以上、ほかの人間社会と同じような問題を抱えていた。

苦境のなかの一筋の光

僕にとっては憂鬱なスプリングトレーニングとなったが、投手コーチの存在には少なからず救いを感じた。

当時、レンジャーズの投手コーチだったのはマイク・マダックスという人物である。1990年代から2000年代前半にかけて、メジャーを代表する投手のひとりだったグレッグ・マダックスの実兄としても知られている。

「フジ、カブスでは投手コーチとの間で何かあったみたいだな」

最初、彼がそう声をかけてきたときには警戒しかけたが、

「何があったか知らないが、だいたい想像はつく。そんなの気にするな」

と、彼は僕の背中をポンとたたいてくれた。その瞬間、ふっと両肩の力が抜けたような気がした。

ちなみに、マダックス投手コーチはそのシーズンが終わるとレンジャーズを退団して、ワシントン・ナショナルズに移籍している。

開幕時の出場選手枠に僕を入れるつもりはないと明言したことに加え、契約を無視してまでスプリングトレーニングでの多投を命じた監督の意図は、誰の目にも明らかだった。だが、そのことで僕の右肘に問題がないことが証明されてしまったのは、皮肉ななりゆきだった。客観的に見て、僕を故障者リストに入れる理由がなくなってしまったのだ。

ところが、スプリングトレーニングの終盤で、不運にも僕は大胸筋《だいきょうきん》を痛めるアクシデントに見舞われてしまった。とはいえ、戦列から離れて治療しなければならないほどの問題ではなかった。

開幕を目前に控えたある日、本拠地のグラウンドでマダックス投手コーチがキャッチボール程度の軽い練習につき合ってくれた。そして、僕のコンディションを確認して、問題はないと判断した。

「オーケー。フジ、おめでとう」

「ありがとう。おかげで開幕に間に合ったよ」

そうして握手を交わすと、マダックス投手コーチは「フジが間に合ったって、フロントと監督に報告してくる」と、事務所へ向かった。

自分では何もコントロールできない世界

その後、練習しながら彼がグラウンドに戻ってくるのを待っていたが、なかなか姿をあらわさない。

やがて、練習を終えてロッカーに上がると、フロントの幹部が「フジ、ちょっと来てくれ」と僕を呼びにきた。案内された部屋には、ゼネラルマネジャー（GM）と監督、そしてマダックス投手コーチが顔をそろえていた。

「フジ、悪いが、開幕はリハビリ組でスタートしてもらう」

そう僕に告げたのは、マダックス投手コーチだった。僕は、一瞬、事情がよくのみ込めなかった。

「いや、僕はもう準備ができています」

そう言って、僕は右肘の回復具合と大胸筋の状態を説明しようとした。すると、僕の言葉をさえぎるように、監督が口を開いた。

「決めるのは私の権限だ。私が決める」

そのひと言で、僕のマイナー行きが決まった。

どうにも納得できないまま僕が部屋を出ると、GMとフロント幹部が追いかけてきて「フジ、悪いがまんしてくれ」と、僕をなだめた。

彼らははっきりとは口にしなかったが、迎え入れたばかりの監督の機嫌を損ねたくないと考えていたようだ。

球団側の意向を察して、マダックス投手コーチも監督に異を唱えることを控えたのだろう。このとき、僕はもう開幕などどうでもよくなっていた。

僕は、野球がやりたい

当時、関係者のなかには1週間くらいでメジャーに戻れるはずだから、と僕を励ましてくれた人もいた。

だが、その程度の短期間で復帰できるなら、そもそもリハビリ組に入れられることはなく。だから、そういうケースは皆無に近い。

僕の場合は、すでにメジャーで投げられるまでに復調していたから、トリプルAに据え置かれたままというのも不自然だった。

実際、トリプルAが開幕した最初の週、僕が2試合に登板してきっちり抑えると、チームメイトたちのなかから「なぜ、フジはメジャーに戻らないんだ」と不審がる声が聞こえてきた。

当然、そうした疑問はトリプルAの首脳陣も感じていて、トリプルAの監督と投手コーチがそろって僕に事情を尋ねてきた。僕は、カブス時代からの経緯をかいつまんで話した。彼らは「そんなことがあったのか」と驚いた様子だったが、

「でも、へこたれるなよ、フジ」

と、僕を力づけてくれた。

その後も、僕はトリプルAで結果を出し続けたが、メジャーに呼び戻されることもなく、2週間が過ぎ、3週間が経った。そのころになると、僕はひそかに退団の覚悟を決めていた。

メジャーリーグでは、故障者リストに登録された選手に対し、一定の期間、リハビリを目的としてマイナーリーグの試合に出場する権利が与えられている。

投手については30日間が限度で、それ以上の長期にわたってメジャーに復帰できない場合は、選手は承諾書を提出して、選手自身がその措置に同意していることを示さなければならなかった。いわゆる飼い殺しのような、選手に対する不当な処遇を禁じる目的で規定

されたのだろう。

そうした手続きを行なわないのなら、期限内に選手をメジャーに戻さなければならないが、メジャーには出場選手枠という人数制限がある。

その枠に入れなければ、リハビリが終わったにもかかわらずチームには不要な選手と見なされて、実質的に自由契約となってしまうのである。僕は、承諾書にサインしないつもりだった。


トリプルAでの生活が3週間を過ぎて、承諾書の提出期限が数日後に迫るころになると、フロントの幹部が僕の説得に訪れるようになった。

いずれ調子を落とす選手や故障者があらわれて、選手枠に空きができる。そうなれば必ずメジャーに呼び戻すから、それまで待っていてくれ――。フロントの幹部は熱心にそう話しながら承諾書へのサインを求めたが、

「これは野球じゃない。僕は、野球がやりたいんだ。だからやめるよ」

と、僕は応じなかった。

結局、僕は承諾書へのサインを拒んだまま、その提出期限を迎えた。チームを去る気持ちに、変わりはなかった。

だが、球団は僕を呼び戻した。そして、メジャーに昇格した当日、僕は対カンザスシティ・ロイヤルズ戦に登板した。

3点差をつけられた8回、僕は9球で三者凡退に打ち取った。三振は奪えなかったものの、91マイル（約147キロ）のストレートには、満足できた。2015年5月14日のことである。

翌日の対クリーブランド・インディアンス戦にも連投したが、この日は不用意に投げてしまったストレートをスタンドに運ばれ、3点を失って降板した。同時に、僕のメジャーリーグでの戦いは終わった。その2日後、フロントから戦力外と通告され、自由契約になったのである。

僕には、もうマイナーにしがみついてまでアメリカで野球を続ける気持ちはなかった。球団としては、僕をメジャーで使い続ける意思がない以上、解雇するほかなかったのだ。僕は、心の底から疲れはてていた。

こうして、僕のメジャーリーグへの挑戦は静かに終わった。もっとも、僕にその気さえあれば、メジャーで野球を続ける道はあった。

じつは、僕がレンジャーズをクビになった直後にオファーしてくれた球団があったのだ。

その球団も、阪神時代から僕に関心を寄せてくれていた。

ありがたいことに、その球団は代理人を通じて異例ともいえる好条件を提示してくれたのだが、僕にはもうアメリカにとどまるつもりはなかった。光栄なオファーだったが、僕は日本に帰ることにした。

僕のなかには、もはや野球を続ける気力さえ失われていた。

“黙って僕は投げた”

IV 何度でも立ち上がる

「反骨精神」が再び僕を戦場に駆り立てた

2015年
四国アイランドリーグに参加

家族との時間を取り戻したい

日本に戻ってきた僕には、やりたいことがあった。家族と過ごす時間を作りたかったのだ。それは、僕にとって年来のささやかな夢だった。

阪神入団の翌年に結婚した僕たち夫婦は、3人の子どもに恵まれた。僕がレンジャーズをクビになった当時、長男は中学生で、長女と次女は小学生だった。教育環境などを考えて、長女と次女は僕たち夫婦とともにアメリカへ移り住んだが、長男だけは日本に残っておばあちゃんと暮らしていた。

プロの野球選手という仕事柄、それまで子どもたちと過ごす時間は決して多くはなかった。僕自身の子ども時代を振り返ってみると、親父に遊んでもらった記憶が思い出深い。いつのころからか、僕は子どもたちの人生に同じような思い出を作ってやれていないという負い目を感じるようになった。

そのまま数年も経てば、成長した彼らは自立して、永遠にその機会は失われてしまう。僕がメジャーリーグからの撤退を決断した時期は、子どもたちと過ごす最後のチャンスともいえた。

そう考えると、メジャーでの理不尽な経験も何やら天の配剤のように思えてきて、僕の心のなかにわだかまっていた憤りや悔しさを日本にもち込まずにすみそうな気もした。

日本に帰ったら、野球をやめて、家族との時間を取り戻そう。僕は、そう心に決めていた。

夏休みになったら家族で故郷の高知に帰って、実家近くの鏡川《かがみがわ》で、息子が楽しみにしていた魚釣りをする。娘たちには、僕の子どものころの遊びを教える。僕がすべきことは、そういうことだと思った。

事実は、この右腕で証明するしかない

だが、結果として、僕は再びマウンドに立つ道を選んだ。僕に対する心外な評価を払拭しなければならなかったからだ。

藤川のストレートは、もう140キロにも届かない――。

いったい誰が言い出したのか、そんな評価がまことしやかにささやかれていた。そのことを知って、僕は再びマウンドに立つことを決めた。

この右腕で、それが事実ではないことを証明するためである。いったん野球との決別を覚悟した僕が翻意したのは、ただそれだけの理由だった。

そのことは、このとき僕が阪神を含む複数の球団からオファーをいただきながら、四国アイランドリーグを登板の舞台に選んだことからも明らかだと思う。僕が過去の実績や体面にこだわっていたのなら、独立リーグを選ぶことはなかった。

そもそも、メジャー球団からのオファーを断って帰国することはなかった。年俸や待遇が目当てなら、間違いなくプロ野球を選んでいる。なぜなら、高知ファイティングドッグ

スでは無報酬だったからだ。

それでもかまわないから、と入団することにしたのは、過去に、僕の兄が高知ファイティングドッグスのＧＭを務めていた縁による。

故郷で純粋に野球を楽しめるのはうれしかったし、メジャーリーグ帰りの選手が目の前で投げる光景を見ることができるという環境は、地元の野球少年たちに好ましい影響を与えるはずだ。もし、そのことによってなんらかの副産物が生まれるなら、それは僕にとっても望外の喜びだった。


メジャーリーグのマウンドを降りてからほぼ１か月後、僕は再び故郷でマウンドに立った。その日、ストレートは最速１４６キロを計測した。さらに、それから10日ほど経った試合では１５０キロが出た。僕に対するでたらめな評価は、それで完全に一掃された。

答えを「火の玉ストレート」に込めて

僕が世間の評判を気にしていたことに、やや奇異な印象を抱く方もいるかもしれない。たしかに、プロ野球選手が事実と異なる報道をされることなどめずらしくはない。その一つひとつに腹を立てるようでは務まらない。

だが、このときばかりは、どうしても看過することができなかった。僕の右腕がメジャーリーグではまったく通用しなかったと、僕自身が認めてしまうことになるからだ。

そのことによって単に僕が負け犬と思われるだけなら、悔しくはあるが、しかたがない。しかし、メジャーリーグに挑戦するということは、事実上、日本のプロ野球界を代表するひとりになる、という意味でもあった。

つまり、藤川球児の不名誉は日本のプロ野球界の不名誉でもあると、僕は思っていた。それだけは、絶対に認めることができない。


メジャーリーグに挑戦した僕の前に立ちふさがり、僕をあっさりとはね返したのは、野球の壁ではなかった。僕は、そのことを自らの右腕で証明しなければならなかった。

僕が直面したのは、人種偏見という理不尽な壁だった。そのぶ厚い壁が、僕の挑戦を拒んだのである。いずれ、そのことをみなさんに話すとき、僕の言葉が通用するかどうかは、この右腕による裏書きの有無にかかっていると思っていた。

メジャーリーグから撤退した時点でも、僕のストレートが「火の玉」であったことを証明しておかなければ、のちに僕が何を言っても信じてはもらえない。実力不足を棚に上げて被害者ぶっている、と疑われてはならなかった。

四国アイランドリーグのマウンドで「火の玉ストレート」の健在を証明した僕は、その年11月、再び阪神に入団し、日本のプロ野球界に復帰した。家族と過ごす、という僕のささやかな夢はもち越しになった。

親父に遊んでもらったという思い出を子どもたちに作ってやれなかったことは、今も残念に思っている。その代わり、親父が必死に戦う姿は見せることができたのではないだろうか。

どんなときも
「右腕一本」で証明する

みんなが野球を続けさせてくれた

何度逃げても追いかけてくる
「野球」という存在

「背番号11」に憧れて

引退した今、つくづく途中で野球をやめなくてよかった、と思う。野球を続けてきたおかげで、現在の僕がある。

もし、途中で野球をやめていたら、と考えてもあまりリアルな想像がつかないのは、もはや野球が藤川球児という人格の一部になってしまったからだろう。

これまで、僕は何度も野球をやめようと思った。思うだけでなく、実際にやめてしまうこともあった。そのたび、誰かが僕を野球の世界へと連れ戻してくれた。プロ野球選手になる前、それは親父であり、兄であり、先生や友人たちだった。

僕が野球をはじめたのは、小学3年生のときである。今やはっきりとした理由は覚えていないが、野球が好きだった親父の影響だと思う。休日になると、近くのグラウンドで草野球を楽しむ親父の姿を兄と並んで眺めていた。

親父は、僕が生まれる前日も草野球をしていたらしい。その日、親父は投手としてノーヒットノーランを達成した。

プロ野球ではもちろん、草野球の世界でもノーヒットノーランの実現は奇跡に近い。何かの運命を予感したのか、親父は翌日に生まれた次男を「球児」と名づけた。今となってみれば、うまい具合に名づけてくれたものだと思う。

野球をはじめたころ、僕のアイドルは巨人の斎藤雅樹《まさき》選手だった。斎藤選手が2年連続で20勝をあげ、球界を代表するエースという評価が確立したのも、たしかこのころだったはずである。

斎藤選手への憧れから、その背番号の「11」という数字が好きになった。やがて、クルマに乗るようになると、ナンバーは11にこだわった。

のちに入団したシカゴ・カブスでも高知ファイティングドッグスでも、僕の背番号は11だった。いうまでもなく、阪神では村山実《みのる》さんを顕彰《けんしょう》した永久欠番である。

斎藤さんへの憧れは、プロ野球選手としての現役中はもちろん、引退した今にいたってもかわることがない。阪神の選手として斎藤さんとはじめてお会いしたときには、グラブにサインをいただいた。さらに、スマホの裏面にもサインをお願いして、そのスマホは今も使用している。

斎藤さんのサインをいただいたことで、グラブは人生の宝物になった。スマホは、僕の慢心や怠惰《たいだ》を戒《いまし》める魔法のツールになった。サインを見るたび、野球をはじめたころの新鮮な気持ちがよみがえってくるのである。

野球をやめるチャンスを探し続けるが

だが、少年野球チームに所属して取り組む野球は、楽しいだけの野球ではなくなっていった。延々と続く基礎練習ほど、子どもにとってつまらないものはない。

週末が野球でつぶれてしまうことも、僕には苦痛だった。たびたび、僕はチームを抜けようとしたが、親父にやさしくなだめられ、ときには厳しい制裁を受け、どうにか続けていた。

地元の公立中学校へ進学するころ、野球をやめるチャンスが訪れた。ハンドボール部の顧問から勧誘されたのだ。

僕の気持ちは傾いた。ハンドボールの経験はなかったが、野球部に入って丸坊主になるよりいい。だが、僕のささやかな企《たくら》みは、野球部の顧問によって阻止された。

「藤川、おまえが入学してくるのを待ってたんや」

そう言って、半ば強引に僕を野球部へ引き込んだのである。そのかたわらには、僕より1学年上で、ひと足先に野球部の一員になっていた兄がいた。

当時、野球部の顧問を務めていた先生は、かつて高知商業高校野球部が春のセンバツ大会で優勝したときのキャプテンだった。つまり、のちに阪神で活躍する中西清起《きよおき》さんのチームメイトである。

中西さんと僕は、後年、岡田監督時代の阪神で1軍投手コーチと選手という関係になる。今思えば、僕はこのころから少しずつ甲子園に引き寄せられていたような気がする。もちろん、当時の僕は何も知らない。鏡に映る自分の坊主頭が、ただただうらめしかった。

やがて、高校への進学が迫ってくるころ、僕は再び野球をやめるチャンスがめぐってきたことに気づいた。がんばって勉強すれば、野球推薦で進学する必要はないのである。一般入試で進学すれば、野球部に入る義理はない。朝から晩まで野球漬けの毎日だったが、僕は時間を見つけて受験勉強に励んだ。

しかし、またもや野球部の顧問によって、僕のひそかな計画は破綻した。

「藤川、おまえが入学してくるのを待ってるんや」

中学に入るときと同じフレーズを聞いた。このとき僕を待ち構えていたのは、高知商業高校だった。

担任の先生は一般入試での進学に賛成してくれていたにもかかわらず、野球部の顧問は認めてくれなかった。僕の進路には、野球部の顧問によって、すでにレールが敷かれていた。今さら断ることはできない、という。

「野球部だけやない。高知商業では全校をあげて、おまえを待ってくれてるんや。幸せもんやのう」

野球推薦で入学してしまったら、退学でもしないかぎり、野球部から抜け出すことはできないだろう。僕は、高校を卒業したら誰に何を言われようと、髪を思い切り伸ばして、色も明るい茶色に染めてやろうと思った。

兄と念願の甲子園へ……そして燃え尽きた

野球を続けた甲斐あって、夏の甲子園大会に出場したのは、1997年、僕が高校2年の年である。

1回戦の対旭川大学高校（北海道）戦では、キャッチャーの兄とバッテリーを組んで話題になった。だが、2回戦で平安高校（京都府）に0対5の完封負けをくらった。

兄と僕にとって、甲子園は念願の舞台だった。だが、僕たち以上に喜んでくれたのは、親父とお袋だった。ふたりの満足そうな様子に、僕は野球をやめなくてよかったと思った。2年後には自分のホームグラウンドになるなど夢にも思わず、僕は満たされた気持ちで甲子園を去った。

甲子園大会に敗退して間もなく、僕は日本代表メンバーに選ばれ、その年の8月から9月にかけて、ブラジルへ遠征した。

帰国すると、休む間もなく秋季四国地区大会がはじまった。優勝校は、11月に神宮球場で開催される全国大会に出場できるうえ、翌年春のセンバツ大会にも大きく近づくことになる。

3年生が抜けて、2年生を主体とした新チームが迎える実質的な初戦といっていい。その大事な1回戦で、高知商業はあっけなく敗退してしまった。マウンドに立っていたのは、僕である。

「おまえのせいで負けた」

試合のあと、顧問の先生にそう言われた。たしかに、僕が打たれたのだが、その試合で打ったのも僕だけだった。

「わかりました。じゃあ、やめます」

そう言って、僕はそのまま寮を出た。

今となっては、自分の子どもっぽさを恥じ入るばかりだが、そのときの僕は一種の虚脱感にとらわれていたのだと思う。

兄とともに甲子園に出場したうえ、日本代表メンバーにも選ばれ、僕は大仕事をやり遂げた充実感に満たされていた。そのうえ、いつも一緒に野球をしてきた兄がチームを去って、自分が新チームの中心選手になった。

それまで僕がめざしてきたものが目の前から消えてしまって、進むべき道を見失いかけていたのだろう。いわゆる燃え尽き症候群だったのかもしれない。

本気でやめるつもりだった

さらに、そのころ僕は生まれてはじめて自分に対する世間の目を感じ取っていた。期待を寄せられることは励みになったものの、そうした視線に少量の好奇の目が混じっていることに気づいて、神経質になることもあった。

そんな姿に顧問の先生は高慢さの芽生えを見て取って、僕を戒めようとしたのかもしれない。だが、僕は反発を感じただけだった。

顧問の先生に対する反抗的な態度は、運動部員にとって致命的な重罪である。寮から飛び出したのも、重大な規律違反といえた。

「もう逃げるしかない」

僕は、本気で野球をやめるつもりだった。退学させられてもかまわないとさえ思って、僕はそれから毎日、野球部の練習にはいっさい参加せず、高知の街を遊び歩いた。

小学3年生から野球漬けだった僕にとって、野球がない生活は新鮮だった。練習もなければ、束縛もない。同じ世代の生徒たちは、毎日、こんなに自由だったのかと思うと、それまでの自分が狭い特殊な世界で生きていたような気がした。

最初の数日こそ後ろめたさを感じたが、徐々にそういう気持ちも薄らいで、そのうち僕は自分が新しい世界に踏み出したのかもしれないと思った。

そんな気ままが許されたのも、親父が僕に理解を示してくれたからだ。

寮を飛び出して自宅に戻ったとき、親父は僕を叱りつけたりはしなかった。それまで何があろうと野球をやめさせてくれなかった親父が、どういうわけか、このときだけはあっさりと認めてくれたのである。

そして、その後は遊びまわっている僕をたしなめもせず、むしろ僕の遊びにつき合ってくれさえした。理解がよすぎて少し気味悪くも感じたが、僕は自分の行動が決して間違ってはいなかったと思うようになった。

野球に戻してくれた親父の存在

このとき僕が学校へも通わなくなっていたら、本当に野球と決別していたかもしれない。だが、毎日、授業は休まなかったから、学校でチームメイトと顔を合わせるうち、罪悪感のようなものが頭をもたげてきた。僕だけが身勝手な人間に思えて、彼らに申し訳ないと思うようになった。

甲子園大会に出場したとき、試合に出た2年生は僕だけだった。同級生たちはベンチ入りさえできず、スタンドから試合を応援してくれた。

彼らは、やがて3年生がいなくなった新チームでも甲子園に出場しようと、必死で練習していた。早く戻ってこい、おまえと一緒に甲子園に行きたいと、彼らは僕を見つけると、そう声をかけてくれた。僕は、チームメイトを裏切ってしまったような気がして、居心地の悪さを感じていた。

「そろそろ戻ってこい」

顧問の先生がそう言って許してくれたのは、ちょうどそういう時期だった。なんとも絶妙なころ合いに助け舟を出してくれたのは、親父と話がついていたかららしい。

僕が知らない間に顧問の先生と話し合っていた親父は、強引に連れ戻すのは逆効果でしかないと見て、しばらく僕を放置することにしていた。

「少しの間、自由にさせれば、必ず戻ってきます」

親父はそう言って、顧問の先生に協力を求めたのだった。どうやら、僕は親父の手のひらの上で転がされていただけだった。僕のささやかな反乱は3週間ほどで片がついて、僕は野球の世界に戻った。

３年生になって臨んだ最後の夏、高知商業は準々決勝までの３試合で32得点、２失点と、県予選を順調に勝ち進んだ。だが、準決勝で高知高校に敗れて、甲子園大会に出場することはできなかった。

“斎藤雅樹さんのサインを
見るたび、野球をはじめた
ころの新鮮な気持ちが
よみがえる”

運命の糸に導かれるように

2016年
阪神タイガース再入団

ふたりの「藤川球児」

アメリカから帰国して間もなく、火の玉ストレートの健在を証明するため再びマウンドに上がった僕は、目的さえ達すればユニフォームを脱ぐつもりでいた。

高知ファイティングドッグスへの入団に際して、阪神を含む複数のプロ球団からのオファーを断った以上、右腕一本で自分の存在を証明するのみ……それが僕なりのけじめのつけ方と考えていたのである。

だが、僕は再びタテ縞のユニフォームに袖を通すことになった。

阪神を愛していたから――。そう言えればファンのみなさんにも喜んでいただけるのだろうが、正直なところ、そうとも言い切れない。もちろん、阪神に対する個人的な愛情は深い。だが、プロ野球選手としての僕にそうした感情はいっさいなかった。

いつのころからか、僕は「藤川球児という個人」と「プロ野球選手としての藤川球児」を意識的に区別してきた。それは公私の別に近い。

どちらも藤川球児というひとりの人間なのだが、マウンドに立つ僕とプライベートな僕とでは、現実に行動原理が異なる。

そこを区別することで、僕は多くのファンから夢を託される重圧に耐えてきたのだろうし、自分のなかの別人格を意識することによって、ある種の緊張感をキープすることができたのだと思う。

高知ファイティングドッグスの一員として再びボールを握ったとき、昔、斎藤雅樹さんに憧れていたころの自分を思い出した。

ただ楽しく野球ができさえすれば、ほかには何もいらない。心からそう思っていたころの僕が、プロ野球選手としての藤川球児より大きな存在になっていた。そうして楽しかったころの野球の感覚を全身で再び味わっていたとき、プロ球団から再びオファーをいただいた。

プロから誘いを受けながら独立リーグを選択したとき、僕はプロ球団側のプライドに傷をつけている。そう自覚していたから、あらためて声をかけてくれたことに、僕はこれ以上ない冥利《みょうり》を覚えた。

だが、僕は迷っていた。プロ野球選手としての藤川球児は、すでに戦意を失いつつあった。自分は、周囲の期待に応え得る選手なのだろうか。復帰するなら、どの球団を選ぶべきなのか。

戦場に戻らせてくれたふたりの言葉

このとき、心を決めかねていた僕を阪神へと力強くたぐり寄せてくれたのは、翌2016年から監督として指揮をとることになっていた金本さんだった。

金本さんが現役を引退したのは2012年で、ちょうど同じころ、僕も海外FA権を行使して阪神を退団した。仮に、僕が翌シーズンから復帰すれば、阪神を外から眺めていた時期が金本さんとぴったり重なる。偶然とはいえ、妙な因縁を思わせる不思議なタイミングだった。

僕は、引退も視野に入れつつ、複数のオファーをフラットな気持ちで検討していることを正直に打ち明けた。すると、金本新監督は「あかん」と短く否定した。

「あかん、一緒にやるぞ。球児、おまえは阪神に来なあかん」

僕の人生なのに、と内心、苦笑いしながら、僕はいかにも金本さんらしい言葉に深い配慮を感じていた。

昔から、僕は思い込みが少ないほうで、比較的、広い視野でものごとを考えることができた。だが、それは決断力の弱さにも通じる。長所と短所はコインの裏表といわれるように。

悩んでいる僕にそうした一面を感じ取った金本さんは、あえて強引に僕を阪神へ引っ張ろうとしてくれたのだろう。もちろん、それが阪神や金本新監督だけでなく、僕自身にとっても最善と信じたからに違いない。

そして、当時の坂井信也オーナーやＯＢ会の川藤幸三会長からも同様に強く誘っていただき、僕の心は動いた。

そして、最終的に僕の背中を押してくれたのは、矢野さんである。

ご承知のとおり、現役時代の矢野さんとは最も多くバッテリーを組んだ。そのこともあって、僕は矢野さんが僕以上に僕自身のことを理解してくれていると感じていた。

しかも、当時、矢野さんは大学時代から仲がよかった金本新監督のもとでバッテリーコーチ（兼作戦コーチ）に就任することが取り沙汰されていた。

ある日、矢野さんに時間を取ってもらうと、僕はすべてを率直に話した。

「一緒に戻ろうや」

最後まで僕の話に耳を傾けてくれた矢野さんは、そう僕を誘ってくれた。

「じつは、おれもちょうど球団に返事してきたところやねん。金本も戻る。おれも戻る。球児も戻って、またみんなで野球やろうや」

その言葉を聞いて、僕の心は決まった。

このときの僕は、矢野さんなら必ずそう誘ってくれるに違いないと、ひそかに期待していたのかもしれない。

アメリカでの経験によってプロフェッショナルな野球の世界に失望しながら、一方で、このまま終わってたまるかという意地が雪辱の機会を求めていた。何か大きな力によって甲子園のマウンドに引き戻されたような、不思議な感覚だった。

こうして僕は古巣への復帰を決意したのだが、正直に告白すると、その過程の僕はややアンフェアだった。

頂戴したオファーについては、私情をはさむことなく、偏りのない目で検討することを課していながら、小さな手加減を加えてしまったのだ。ある球団だけは、面談さえ断ったのである。

当時、その球団では超大物と表現すべき人物がＧＭの職にあった。入団交渉がはじまれば、当然、ＧＭが出席する。その場面を想像して、僕は失礼を重々、承知しながら、面談の申し出を断った。

お会いするのがこわかったのである。ＧＭから「うちで一緒にやろう」と誘われたとき、僕には断る自信がなかった。それくらい、その方の野球哲学や人格に抗し切れない魅力を感じていた。

もちろん、このときＧＭとの面談が実現していたとしても、僕は阪神を選んだかもしれないし、実際のところはわからない。ただ、面談さえしなかった球団を選ぶとは思えないから、そうした点でも僕は阪神との不思議な縁を感じている。

「藤川球児」はふたりいる

V 最後のストレート

自分の限界に挑んで、全力を出し切る

2016～18年
金本監督時代

縁に導かれた大好きな道

２０１５年11月、僕は阪神と2年契約で合意し、再びタテ縞のユニフォームに袖を通すことになった。阪神では、ＦＡ制度によってメジャーリーグに挑戦した選手が復帰した例は、かつてなかった。

仮に、僕が自由契約選手として渡米していたら、日本のプロ野球界への復帰に際しては、以前に所属していた球団、つまり阪神の了承が必要になる。僕が他球団への入団を希望しても、阪神が認めてくれなければ実現しない。復帰できるとすれば、事実上、阪神以外に選択肢はなかった。

しかし、海外FA権を行使して渡米した場合、そうした手続きの必要はない。オファーさえあれば、どの球団と契約しようが、選手の自由だった。実際、僕はいただいた複数のオファーのなかから、阪神を選んだ。僕は、阪神に拾ってもらって復帰したわけではなかった。

そうした意味でも、僕に出戻りという意識はなかった。僕は、前だけを見て1本の道を走り続けたにすぎない。

その過程で、かつて通過した道を通った。そういう認識に近い。同じ道を再び通ることになったのは、そこを通らなければ、僕がめざしている終着点にたどり着けないからだ。道に迷ってUターンしたわけでもなければ、バックで戻ってきたわけでもなかった。

3年前に通り過ぎたとき、僕はもう二度とこの道を走ることはないだろうと思っていた。しかし、不思議な縁に導かれるようにして戻ってみると、なぜか少し新鮮な印象だった。まわりの景色は懐かしく、僕の心はやすらいだ。沿道にはたくさんの人たちがいて、僕を待っていてくれた。それは、僕の大好きな道だった。

金本監督が僕に期待したのは、先発投手としての役割だった。ただ、チーム事情や僕のコンディション次第でリリーバーに起用される可能性があることは、当初から僕にもわかっていた。チームに貢献できるのなら、どういう役割を与えられても投げるつもりでいた。

先発のマウンドは星野監督の時代以来となるが、ブランクの長さをカバーするだけの経験は積んでいた。翌2016年の開幕を間近に控えたころ、オープン戦で先発のマウンドに立ってみると、リリーバーとは違う独特の感覚がよみがえってきて、僕はどうにかやっていけそうな気がした。

止まった時間を取り戻すのは簡単ではない

復帰後、はじめての登板となったのは、中日との開幕3連戦の最終日だった。

2003年9月以来、12年半ぶりの先発マウンドである。不安もあったが、僕はひそかな手応えを感じていた。

しかし、思うような結果は出せなかった。88球を投げて4点を失い、僕は5回で降板した。

その1週間後、僕は対横浜戦で復帰後初勝利をあげた。だが、もともとスロースターターで、春先には出遅れがちだったこともあり、その後はなかなか調子が上がらなかった。先発のリズムをつかみ切れずにいるうち、クローザーだったマルコス・マテオとラファエル・ドリスが戦列を離れ、5月半ばからはリリーバーに転じた。それ以降、僕は状況に応じて中継ぎと抑えを任されるようになった。

夏になると、甲子園での16試合連続無失点という記録は残せたものの、自分のプレーにもどかしさを感じる場面が少なくなかった。

そして、最後まで波に乗り切れないまま、そのシーズンが終わった。5勝6敗3セーブ10ホールドという平凡な成績だった。

じつは、このとき僕は本気で引退を考えていた。もちろん、それまでも僕は自分のボールに納得ができなくなれば、いつでもやめる覚悟ではいた。だが、このシーズンの僕は自分の限界を意識するより、自分の立場が気になってしかたがなかった。

自分がチームの負担になってしまったように思えてならなかったのである。仲間に迷惑をかけるくらいなら、一刻も早くチームを去りたかった。

「カネさん、僕、やっぱり無理なんじゃないですかね」

最終戦を控えたある日、僕は金本監督に直接、胸の内を打ち明けた。

「やめたほうがいいんじゃないかって思うんです」

金本監督なら、変になぐさめたりせず、僕がマウンド上で決定的な醜態《しゅうたい》をさらす前に引導を渡してくれそうな気がしていた。だが、僕の弱音を耳にしても、金本監督の表情に驚いた様子はなかった。

「何を言うてるねん。おまえは去年、ほとんど投げてないやろ」

アメリカから帰国したあと、高知ファイティングドッグスに所属して独立リーグのマウンドには立ったものの、プロの公式戦という意味では、5月、レンジャーズで2試合に登板しただけだった。

「いくらおまえでも、すぐにうまくいくはずはないよ。だから、2年契約にしてもらったんや。やめるなんて、許さん」

金本監督のもとでは、僕に進退の自由はなさそうだった。

「また迷惑をかけるかもしれませんよ」

「いや、おまえよりいいボールを投げるピッチャーは少ないよ。球児、結果が出てないのは、ボールが悪いからじゃない。状況に体が追いついてないからや。おまえ以外は、プロの世界で動き続けてきたやつばっかりやろ。止まった時間を取り戻すのは簡単じゃない。でも、必ず取り戻せる。落ち着いてやれ」

そう励ましてくれた金本監督の言葉に、僕は思い当たるものがあった。たしかに、そのシーズンの僕のボールは決して悪くなかった。

「不動心」で追求した最高のパフォーマンス

マウンド上の僕は一種の興奮状態にあって、自分が投げたボールを覚えていないことが多い。だが、不思議なもので、無意識のうちに対戦データは蓄積されている。

毎回、僕はそのデータを参照しながら、球種やコースを組み立てていた。さらに、1球ごとに腕の振りや体の開き、リリースポイントなどを変えていた。そうした微妙な変化が、相手の目に錯覚を引き起こし、そのタイミングをわずかに狂わせる。

だが、復帰したばかりの僕には、明らかにデータが不足していた。はじめて対戦する相手もいて、ボールの質そのものというより、投球術という意味で、本来の実力が発揮できなかった。3年間のブランクは、やはり大きかった。

「落ち着いてやれ」という金本監督の言葉を聞いて、僕は自分でも気がつかないうちに、現実から逃げ出そうとしていたのではなかったか、と思った。

チームの負担になりたくないという気持ちに、偽りはない。ただ、チーム内での立場を思い悩むより、自分の限界に挑んで、全力を出し切ることに努めるべきではないのか。それでも周囲に迷惑をかけるようなら、さっさと見切りをつければいい。

右腕一本で生きてきたと自負するなら、引き際はあくまでこの右腕が決めるべきだと思った。

2年契約が終わる2017年のシーズンを迎えるにあたって、僕はグラブに刺繍を入れた。かつて「本塁打厳禁」と刺繍して、話題になったことがある。このとき僕が選んだ言葉は「不動心」という3文字だった。

周囲に惑わされず、僕自身にとって最高のパフォーマンスを追求する、という決意を込めていた。

自分らしい記録

刺繍の効果なのかどうか、開幕からリリーバーとしてスタートした翌シーズンは、前年に感じていたようなもどかしさもなく、僕は止まった時間を取り戻しつつあることを実感していた。

相変わらず個人記録にはほとんど関心がなかったが、このあたりの時期には積み重ねたキャリアに比例して、いくつかの通算記録を達成するようになっていた。

最も僕らしいのは、２０１７年5月30日に行なわれたロッテとの交流戦で達成した通算１０００奪三振だろうか。

通算１０００奪三振の７７１イニング3分の2での達成は、野茂英雄さんの記録を１０００イニングほど更新する史上最短記録となった。しかも、完投の経験がないのは、１４６人目の達成者となった僕がはじめてだった。ファンのみなさんの期待が僕を後押ししてくれたおかげで達成できた記録だった。

阪神への復帰2年目となったこの年、僕は52試合に登板して3勝0敗6ホールドという成績に終わった。セーブがつかなかったこともあり、数字だけを見ると不本意な成績に映るかもしれないが、それは起用される局面の問題といっていい。

このシーズンの僕は、点差が大きく開いていたり、ビハインドを背負った場面で起用されたりすることが多かった。

投球内容そのものは、前年より改善されていた。防御率を見ても、前年の4・60から2・22へと大幅に向上している。どうにかチームに貢献できたようで、僕は安堵していた。

だが、多少の役に立ったとしても、優勝できなければ意味がない。僕が阪神への復帰を決めた理由のひとつは、金本さんを優勝監督にすることだった。金本監督を胴上げするために、僕は阪神に復帰したようなものだった。

その初年度となった前年は4位で、このシーズンは2位に終わった。3年で結果が出せなければ退任する、と金本監督は公言してきた。２０１８年は、最後のチャンスだった。

坂本龍馬から学んだ「大義」

金本さんを優勝監督にする――。

このころの僕が目標にそう掲げていた理由は、当然、個人的に親しい先輩に対する感謝と敬意に発している。ただ、藤川球児というプロ野球選手にとって、それは金本さんとの個人的な関係性という言葉だけで片づけられるものではなかった。

おおげさに聞こえるかもしれないが、その実現のために全力を尽くすことは、そのときの僕の存在理由といってもよかった。古めかしい言葉を使えば、それは大義というものだ。

いうまでもなく、人生の時間はかぎられている。プロ野球選手としての時間は、さらに短い。

その貴重な時間をいかに意義深いものにするか。いつのころからか、僕は漠然とそういうことを考えるようになった。何のために野球をするのか、と自分に問いかけるようになっていた。

もちろん、野球が好きだからだ。野球をしているときほど、楽しい時間はない。生活の糧を得る手段でもある。ファンのみなさんの期待に応えることも目的なら、高いレベルで技術を磨くことも大切な目的といえる。目的はいくつあってもいいし、何を掲げるかは個人の自由だ。

僕は、自分のためだけに野球をする気にはなれなかった。できれば、誰かの役に立ちたい。僕の投げるボールが誰かの幸福につながるとしたら、それはすばらしい野球人生だろう。人の心に響くプレーには、必ずそういう志がある。

いつの時代も、人の心を打つのは高い「志」ではないだろうか。僕がそう考えるようになったのは、坂本龍馬の人生を知ってからだ。

僕が坂本龍馬に興味を抱くようになったのは、古い話ではない。メジャーリーグに挑戦して間もなく右肘を故障し、僕は1年以上、リハビリに専念しなければならなかった。そのとき、日本の映像作品が僕の心をなぐさめてくれた。そのひとつが『龍馬伝』というNHKの大河ドラマだった。

それがきっかけで、坂本龍馬に関心をもつようになった。幼いころ、僕が住んでいたあたりに龍馬や中岡慎太郎ゆかりの場所があったと気づいたとき、子どものころにもっと勉強しておけばよかったと悔やんだ。

今から150年以上も前、31歳の若さで亡くなった龍馬の生き方が現代を生きる僕たちの心に響くのは、彼が高い志を抱いていたからだと思う。

高い志に貫かれた人生は、美しい。私欲にとらわれることなく、志を実現するためなら人生さえ捧げてしまうのである。

並大抵の気持ちでは、志を貫くことはできないに違いない。だが、少しでも龍馬にあやかりたい、と思うようになった。

2020年11月、現役を引退した僕は故郷から「第35回龍馬賞」をいただいた。敬愛する人物にちなんだ賞だけに、受賞の知らせを聞いて驚いたが、プロ野球選手としての人生が龍馬に肯定されたような気がして、僕はうれしかった。

自分の進むべき道は、自らの手で切り拓きたい

アメリカから帰国し、僕がプロ野球界に戻らなかったのは、プロフェッショナルな野球の世界に失望していたこともあるが、自分の進むべき道を僕自身の手で切り拓いてみたかったからだ。

高知ファイティングドッグスに所属して、故郷のマウンドに立てば、地元の子どもたちに夢を与えることができるかもしれない。かつて、同じ道をたどったプロ野球選手はいない。当時の僕の選択は、僕のささやかな志が切り拓いたものだった。

そして、僕は阪神に復帰した。プロ野球界と決別しかけていた僕を呼び戻してくれた先輩方のひとりが、金本さんだった。

その金本さんが阪神の監督に就任し、優勝するために力を貸してほしいと声をかけてくれた。金本さんを優勝監督にしたいという気持ちは、僕の志であり、大義だった。

金本さんが監督に就任して3年目となる2018年も、僕は開幕からリリーバーに起用された。チームの勝利に貢献できるのなら、どんな局面でもマウンドに向かうつもりだった。

実際、中継ぎにも抑えにもまわった。だが、残念ながら、チームの成績は振るわなかった。不運にも、故障者が相次いだ影響が大きかった。

チームの不振は夏あたりには顕著になって、Bクラスに沈んでしまったシーズン後半も、低迷が続いた。

そして、9月には僕も右肘を痛めて、戦列を離れることになってしまった。痛恨の故障だった。結局、優勝どころか、17年ぶりの最下位という最悪の結果で、僕にとっての勝負のシーズンは終わった。

公言していたとおり、金本監督は最下位に終わった責任を取って、そのシーズンかぎりで退任することになった。そのことが決まった瞬間、僕の大義は消滅したといっていい。僕の引退に向けたカウントダウンは、このときからはじまった。

とはいえ、実際に引退するまで、僕はその後、2シーズンを戦っている。現役を続けた理由はいくつかあるが、新監督に矢野さんが就任したことは、その大きな理由のひとつだった。

いつの時代も、
人の心を打つのは高い「志」

最後に最高の1球を

2019～20年
矢野監督時代、「引退」の決断

常に抱いていた「いつつぶれてもいい」という気持ち

火の玉ストレートと呼ばれた速球を手に入れ、右腕一本で生きていく覚悟を決めてから、僕の脳裏にはいつも「引退」という言葉があった。

プロ野球選手の宿命とはいえ、僕ほど引退を考え続けた選手も少ないのではないかと思う。マウンドに立つとき、僕は本心から「いつつぶれてもいい」という気持ちで投げてきた。

当然ながら、投げやりな気持ちだったわけではない。阪神に入ってからの数年は故障が多かっただけに、肩や肘のメンテナンスに関しては、僕はむしろ臆病なくらいに留意してきた。

妻の献身的なバックアップを得て、体調管理にも努めてきた。その成果か、22年もの間、ストレートで勝負するスタイルを維持したまま、現役を続けることができた。

しかも、僕はそのほとんどをリリーバーとして過ごしてきた。リリーバーという役割は過酷で、短命に終わる選手が少なくない。

細く、長くやれ――。

阪神への入団が決まったとき、高校の先生は僕にそう言った。その教えは十分に守れたと思う。

だが、僕のプロ野球選手としての人生にも、いよいよ終幕が近づいてきた。そう痛感したのは、2019年の開幕を控えたころである。入念な調整に努めてきたにもかかわらず、いっこうに調子が上がらなかった。

僕の体は、いくらキーをまわしても、エンジンがかからない古いクルマのようだった。

矢野さんを男にしたい

そのシーズンから、矢野さんが監督に就任した。これまでも述べてきたように、僕が人生の転機を迎えるたび、矢野さんは陰に陽に僕の力になってくれた。

金本さんを優勝監督にするという夢をはたせなかった僕は、その年、矢野監督の胴上げに最後の夢を見ようとしていた。開幕こそ中継ぎとして臨んだが、矢野監督の指示があれば抑えにもまわるつもりだったし、何日でも連投する覚悟だった。

ただ、その気持ちに体は追いついてくれなかった。僕がその厳しい現実を思い知ったのは、4月6日、マツダスタジアムで行なわれた対広島戦でのことである。

2点差を追う5回裏、僕は2番手投手としてマウンドに向かった。そして、2本のホームランを浴びて3点を失い、そのイニングが終わるとマウンドを降りた。

翌日から、僕は2軍での調整を志願して、戦列を離れた。その20日後には1軍に戻ることになるのだが、じつはその間に僕は球団側に対して、そのシーズンかぎりでの引退を申し出ている。シーズンを通して投げられなくなってしまったことが、最大の理由である。

肩と肘は限界を超えていた

僕は、リリーバーであるかぎり、ベンチの指示があれば、いつでもマウンドに向かうべきだと考えてきた。投入すべきだと監督が判断した時点で準備が整っていない投手は、リリーバーとしてふさわしくない。

年齢を重ねるにつれて長い調整期間を必要とするようになった僕は、この年、明らかに出遅れた。出遅れただけ、僕はリリーバーとして役に立たなかったことになる。調整期間は今後、長くなっても短くなることはないだろう。潮時だ、と思った。

実際、すでに僕の肩と肘は限界に達していた。その数年前から、ドクターに痛み止めの注射を処方してもらわなければ、僕はシーズンを乗り切ることができなくなっていた。

そして年々、注射の回数は増えていた。２０１９年はシーズンが終了するまで投げ続けることになったが、その間、僕はたびたび痛みに悩まされ、5回も注射を打ってもらった。

しかも、それまでは危険が大きいため肩へ針を入れることを避けてきたのだが、あえて肩に注射を打たざるを得ないほど、症状は悪化していた。

だが、それほどコンディションが悪くても、そのまま引退してしまうつもりはなかった。

2軍での調整にめどが立てば、そう遠くない時期に1軍に戻って、前年までのようにマウンドに立つ。

それでも結果が残せなければ、僕はいつでもユニフォームを脱ぐつもりだった。僕は球団に率直にその意思を伝えたが、球団側の理解を得ることはできなかった。僕の引退は、宙に浮いたままだった。

最高のボールを投げ続けるだけ

4月後半、僕は1軍に戻った。このときの僕は、すでに引退の意思を球団側に伝えていたからか、自分でも意外なほどに落ち着いていた。達観してしまった、といっていいのかもしれない。

焦りもなければ気負いもなく、現状における最高のボールを投げ続けるだけだと思っていた。打ち込まれたら、それまでである。球団側からは慰留されていたものの、一度でも無様に打ち込まれたら、僕はすっぱりとやめるつもりでいた。

ところが、皮肉なことに、打ち込まれることがなかった。

1軍に戻ってから無失点で切り抜けていた僕は、6月中旬にかけて18試合連続無失点という記録を残している。しかも、その試合で僕の通算ホールド数が150に達して、すでに達成していた150セーブとの両方を記録した日本球界で最初の選手になった。

7月には、僕にとって最後の出場となったオールスター戦でも登板した。打者3人に対して投げた12球は、もちろんすべてストレートだった。そして、いずれも凡打に打ち取った。

その日、オールスター戦の舞台となった甲子園では、雨が降っていた。マウンドに立った僕が、すでにそのとき引退を決意していたとは、ファンのみなさんも選手たちも、ほとんどの方が想像していなかったと思う。雨と大歓声を全身に浴びながら、僕の気持ちは複雑だった。

いつやめることになっても、後悔はしない

シーズンの後半は、チーム事情もあって、僕は中継ぎから抑えに転じた。8月末の対巨人戦では、当時の現役選手としては最多となる通算235セーブを記録した。

そのままシーズンが終わるまで抑えを任され、結局、そのシーズンは56試合に登板して、

4勝1敗16セーブ23ホールドという好成績だった。しかも、防御率は1・77で、阪神に復帰して以降、はじめての1点台だった。

またも優勝することはできなかったものの、チームは3位にすべり込んで、CSに出場した。僕は4試合に登板して無失点に抑えたが、ファイナルステージで巨人に敗れて、2019年の戦いは終わった。

球団側からの強い慰留によって、そのシーズンが終了した時点での引退は実現しなかった。そのシーズンの好成績を考えても、4月に僕が引退を決意したことは、早計だったのかもしれない。

だが、それは結果論だった。僕の肩と肘がもはや限界だったことに変わりはなかったし、コンディションの調整に手間取る状況にも、変化はなかった。

僕自身、いつやめることになっても、後悔はなかった。ただ、球団側にも事情があることは、僕にもわかっていた。僕の引退は、2020年にもち越されることになった。

シーズンオフに行なわれた契約更改のあと、記者会見の場で「単年契約か、複数年契約か」という質問を受けた。僕は「単年です。それ以上する気はありません」と冗談めかして答えたが、それは僕の本音だった。

「右腕一本」でいくと決めたから、わかった瞬間

2020年、新型コロナウイルス感染症の蔓延という想像もしなかった事態によって、プロ野球界も大きな影響を受けたのは、ご存じのとおりである。例年より大幅に遅れて、6月19日にシーズンが開幕した。

最初のアクシデントが起こったのは、6月3日のことだった。甲子園で行なわれた広島とのオープン戦に登板したとき、腰を痛めてしまった。まだ万全のコンディションではなかっただけに、それがきっかけでフォームを崩した。開幕を迎えても、思うように体が動かない状態が続いた。

シーズンがはじまって2試合目の登板となった6月25日の対ヤクルト戦では、1点差でリードしていた9回裏、抑えとしてマウンドに上がった。だが、3ランを打たれて、チームはサヨナラ負けを喫した。

開幕直前に腰を痛めたことでフォームが崩れ、肩と肘への負担が増していた。いったん仕切り直すべきだと思った僕は、7月半ば、10日間ほど戦列を離れ、2軍で調整に努めた。

その後、1軍に戻って登板した数試合は自責点ゼロに抑えたのだが、8月8日の対広島戦に登板したとき、再びアクシデントに見舞われた。このときは右肘だった。投げた瞬間、バキッという音が聞こえた気がした。

壊れた――。

注射のおかげで痛みはなかったが、僕の肘はついに修復不能に陥ってしまったことが、はっきりとわかった。

その数日後、僕は再び戦列を離れた。そして、あらためて球団側に引退の意思を伝えた。だが、なおも慰留された。僕の肘が壊れてしまったのは明らかだったが、球団側の理解を得るため、チームドクターの診断を仰ぐことにした。

右肘のレントゲン画像を見ながら、僕はドクターに率直な見解を尋ねてみた。

「これは、あかんな」

ドクターの見立ては、明快だった。肘の骨が、遊離した骨とぶつかって削れてしまい、その部分に穴があいているという。僕が18歳で阪神に入団したときから、お世話になってきたチームドクターだった。

「ひとつだけ教えてください」

僕は、6年前の冬、ニューヨークのカフェでヤンキースの担当者と向かい合っていたときのことを思い出していた。

「もし、この画像の選手と契約するかどうかで迷っていたとしたら、先生はどうしますか」

「取らんわな」

表情も変えず、ドクターはあっさりとそう答えた。ドクターチェックに引っかかるのは、これで二度目か。そう思うと、何やらおかしかった。

「わかりました。ここまで投げれば、大往生でしょ」

「まあな。よう投げた。こんな状態になるまで、よう投げたよ」

僕は、最後に気になることを聞いてみた。

「今シーズンは、投げられますかね」

すると、ドクターは「自分でわかるやろ」と、苦笑しただけだった。僕も同じように苦く笑って、長い現役生活をサポートしてくれたことにあらためて礼を述べ、その場をあとにした。

ドクターの診断によると、僕の肘は靱帯も損傷していた。翌シーズン以降も現役生活を続けるなら、再びトミー・ジョン手術を受けなければならなかった。当然、削れて穴があいてしまった骨を放置するわけにもいかず、最低でも5回はメスを入れなければならない、という話だった。僕を強く慰留し続けた球団側も引退を認めざるを得ないほど、厳しい診断結果だった。

みんなに最後のボールを見てほしい

ドクターの診断がはっきりとした時点で、僕の体はすでに1球も投げることができない状態だったといっていい。シーズン途中であっても、僕は引退すべきだったのかもしれない。

だが、いつやめてもいいと覚悟していたはずなのに、現実に引退が決まってしまうと、欲が出た。ファンのみなさんに、僕の最後のボールを見届けてもらいたくなったのだ。痛み止めの注射さえ打っておけば、以前のような連投はできないにせよ、数試合なら投げる自信があった。

できれば、球場まで足を運んでもらって、直接、見てほしかった。しかし、ご承知のように、新型コロナウイルスの感染拡大を防ぐため、入場者数は大幅に制限されている。

1試合あたりの観客数が減らされている状況では、僕の登板機会を増やすしかない。球団側に引退発表を急いでもらったのも、できるだけたくさんの方に見てもらいたいと考えたからだった。

そこには敵も味方もなかった

じつは、もうひとつ、僕にはひそかな企みがあった。引退試合で、150キロのストレートを投げることである。

プロ野球選手としての人生を俯瞰したとき、僕にはどこかの時点で技巧派に転じるという選択肢もあった。球速は130キロ台後半でも、投球術を工夫することでのらりくらりと打者を翻弄するようなスタイルに転じていれば、選手寿命はもっと延びていたと思う。技術的には、十分に可能だった。

だが、老獪《ろうかい》な投球術で相手を完璧に抑えることができたとしても、それはもう藤川球児ではない。藤川球児という投手は、どこまでも「火の玉ストレート」で勝負すべきだった。

そのスタイルのまま、僕はユニフォームを脱ぎたかった。最後のマウンドで150キロのストレートを投げることができれば、スタイルを貫いたことになる。難しいが、決して不可能な球速ではない、と思った。

9月1日に行なった引退会見のあと、僕は大きな反響を感じながら、少しずつ体を動かしていた。

肩と肘が元に戻ることはないが、できるかぎり早く1軍に戻って、ファンのみなさんに最後のストレートを見届けてもらいたい。焦りそうになる気持ちを抑え、僕は根気強くコンディションの回復を待った。ようやく1軍に戻れたのは、10月半ばだった。

10月20日、甲子園で行なわれた対広島戦で、引退表明後、僕ははじめてのマウンドに立った。

気のせいか、それまでの甲子園とは、どことなく雰囲気が違っていたように感じた。ほとんどの方が客席からスマホを掲げて僕に向けている様子を見て、僕は引退が迫っていることをじわじわと実感した。

その2日後、再び甲子園のマウンドに立つと、その後は名古屋、横浜と転戦した。ナゴヤドームでも横浜スタジアムでも、思いがけず、僕の引退セレモニーを用意してくれていた。

敵地でのこうした厚遇は、あまり例がないに違いない。選手が引退を表明すると、もはや敵も味方もなくなってしまうことがよくわかった。

現役最後のマウンド

やがて、11月10日、甲子園で行なわれた巨人との最終戦が、僕の最後のマウンドになった。

僕がマウンドに立ったのは、9回表の1イニングである。

ひとり目は、代打の坂本勇人《はやと》選手だった。その1球目、148キロが出た。いける、と思った。三振には打ち取ったが、あと2キロが出なかった。

ふたり目は中島宏之《ひろゆき》選手が代打に立った。1球目、149キロが出た。こんどこそいけると思ったが、やはり届かない。4球目、僕は渾身の力をボールに込めようとして振りかぶって投げた。だが、147キロしか出なかった。中島選手も三振に倒れたが、あと1キロ届かなかった。

最後の打者となったのは、重信慎之介《しげのぶしんのすけ》選手だった。その初球、僕は再び振りかぶって投げたが、やはり150キロは出なかった。そして、2球目で内野フライに打ち取って、僕のプロ野球選手としての人生は終わった。
その日、投げたボールは12球である。最速は149キロだった。

そして夢は続く

僕のひそかな企みは、こうして失敗に終わった。僕らしい、といえば、いかにも僕らしい。

夢を成し遂げた人生もいいが、僕は未完の人生に魅力を感じる。人生が終わる瞬間まで、夢を見続けることができるからである。

藤川球児というプロ野球選手は、この世から消えた。だが、妻と長男、長女、次女と暮らす藤川球児という40歳の男は、これから草野球をはじめるらしい。

もっとも、右肘はぶっ壊れたままだ。マウンドに立っても、もはやへなへなと崩れそうなゆるいボールしか投げられないはずなのだが、本人はむしろそれを楽しみにしている。

早く「火の玉ストレート」を見せてくださいよ――。

息子ほど年の離れた草野球のチームメイトにそう冷やかされながら、ぜいぜいと肩で息をする。そんな元プロ野球選手の姿を想像して、それも悪くない、と思っている。

マウンドに立つとき、僕は
本心から「いつつぶれてもいい」
という気持ちで投げてきた

CITIZEN
藤川 球児 選手
引退セレモニー
2020.11.10
三井住友銀行
山九
SANKYU very much
山九
ほけんの窓口

FUJIKAWA
22
MUFG
三菱UFJ銀行
MACNICA
SUNSTAR

藤川球児 （ふじかわ きゅうじ）
1980年7月21日生まれ。高知県高知市出身の元プロ野球選手。高知商業高校から98年ドラフト1位で阪神タイガースに入団。2005年、「JFK」の一角として80試合に登板してリーグ優勝に貢献。06年シーズン途中からクローザーに定着。以降、絶対的守護神として活躍。07年には日本記録となる46セーブをマーク。13年にメジャーリーグ、シカゴ・カブスへ移籍もケガのため、オフにはトミー・ジョン手術を受けた。15年はテキサス・レンジャーズで故障からの復帰を果たすも、5月にメジャー40人枠を外れ自由契約となり、四国IL高知へ。16年に阪神に復帰。17年は52試合に登板し、ベテラン中継ぎとして投手陣を取りまとめる。20年シーズン終了時点におけるセ・リーグシーズン最多セーブ記録保持者（46セーブ）であり、現役最多セーブ記録保持者（243セーブ）として、同年シーズンかぎりで現役を引退。

火《ひ》の玉《たま》ストレート

2021年1月20日　初版発行
2021年2月10日　第2刷発行

著　者　藤川球児

発行者　杉本淳一

発行所　株式会社日本実業出版社　東京都新宿区市谷本村町3-29　〒162-0845
大阪市北区西天満6-8-1　〒530-0047
編集部　☎03-3268-5651
営業部　☎03-3268-5161　振　替　00170-1-25349
https://www.njg.co.jp/

印刷／壮光舎　製本／若林製本

ISBN 978-4-534-05828-7　Printed in JAPAN